Terminale baccalauréat professionnel

MÉTIERS DE L'ACCUEIL

Houria BOUSAÏD
Nahima BOUSAÏD

Éditions BERTRAND-LACOSTE
20-28, rue Saint-Germain-l'Auxerrois – 75001 PARIS

Crédit photos : ISTOCKPHOTO.

ISBN : 978-2-7352-**2557**-6

Éditions Bertrand-Lacoste, Paris, 2021.

SOMMAIRE

Présentation de l'ouvrage

Cet ouvrage à destination des classes de Terminale professionnelle Métiers de l'accueil, est construit autour des **trois blocs de compétences** du référentiel.

- Bloc de compétences 1 : Gestion de l'accueil multicanal à des fins d'information, d'orientation et de conseil,
- Bloc de compétences 2 : Gestion de l'information et des prestations à des fins organisationnelles,
- Bloc de compétences 3 : Gestion de la relation commerciale.

Les compétences sont travaillées au travers de **situations d'apprentissage transversales décloisonnées** permettant la prise en charge directe et simultanée d'activités diverses.

Chaque compétence est traitée, dans un cadre omnicanal, autour de trois éléments.

Une **situation** immergeant l'apprenant dans un **cadre professionnel** lui permet de découvrir les compétences en répondant à une **problématique**.

Il analyse les **documents** proposés et exécute les **missions** en exploitant les supports remis ou les outils à mobiliser.

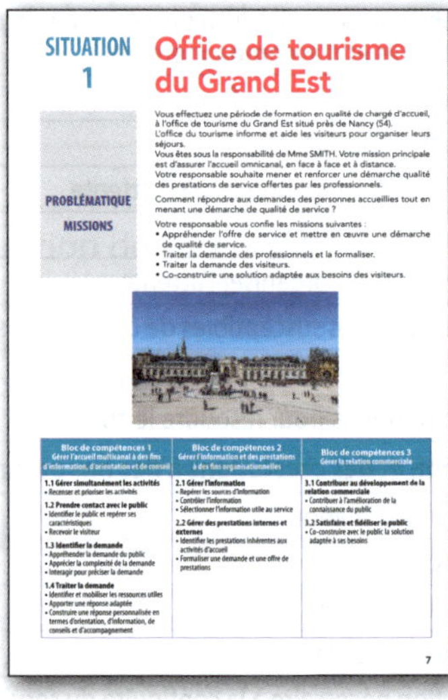

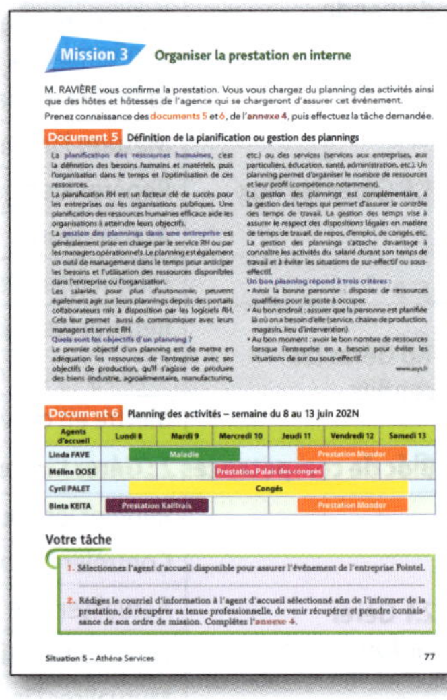

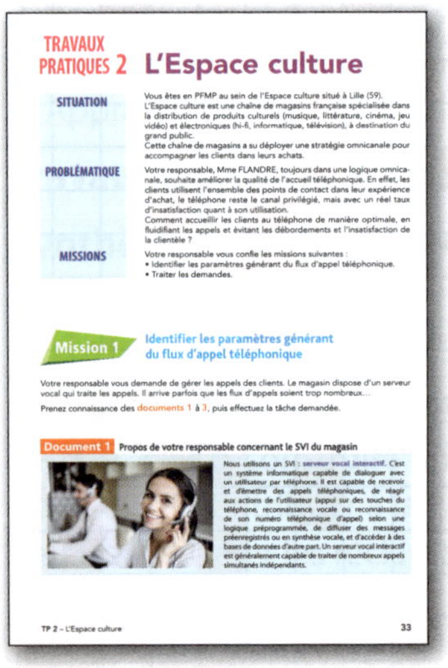

Un **travail pratique** facilite et conforte la validation des compétences dans un autre contexte professionnel.

Une **synthèse** reprend, conforte et consolide les compétences et savoirs développés dans le cas et le TP.

Deux situations, présentées sous la forme de sujets, permettent à l'apprenant de se préparer à l'**épreuve E2 – Analyse de situations professionnelles liées à la relation commerciale**. Cette épreuve porte sur les compétences et savoirs associés du bloc de compétences 3.

SITUATION 1

Office de tourisme du Grand Est

Vous effectuez une période de formation en qualité de chargé d'accueil à l'office de tourisme du Grand Est situé près de Nancy (54).
L'office du tourisme informe et aide les visiteurs pour organiser leurs séjours.
Vous êtes sous la responsabilité de Mme SMITH. Votre mission principale est d'assurer l'accueil omnicanal, en face à face et à distance.
Votre responsable souhaite mener et renforcer une démarche qualité des prestations de service offertes par les professionnels.

PROBLÉMATIQUE

Comment répondre aux demandes des personnes accueillies tout en menant une démarche de qualité de service ?

MISSIONS

Votre responsable vous confie les missions suivantes :
- Appréhender l'offre de service et mettre en œuvre une démarche de qualité de service.
- Traiter la demande des professionnels et la formaliser.
- Traiter la demande des visiteurs.
- Co-construire une solution adaptée aux besoins des visiteurs.

Bloc de compétences 1 Gérer l'accueil multicanal à des fins d'information, d'orientation et de conseil	Bloc de compétences 2 Gérer l'information et des prestations à des fins organisationnelles	Bloc de compétences 3 Gérer la relation commerciale
1.1 Gérer simultanément les activités • Recenser et prioriser les activités **1.2 Prendre contact avec le public** • Identifier le public et repérer ses caractéristiques • Recevoir le visiteur **1.3 Identifier la demande** • Appréhender la demande du public • Apprécier la complexité de la demande • Interagir pour préciser la demande **1.4 Traiter la demande** • Identifier et mobiliser les ressources utiles • Apporter une réponse adaptée • Construire une réponse personnalisée en termes d'orientation, d'information, de conseils et d'accompagnement	**2.1 Gérer l'information** • Repérer les sources d'information • Contrôler l'information • Sélectionner l'information utile au service **2.2 Gérer des prestations internes et externes** • Identifier les prestations inhérentes aux activités d'accueil • Formaliser une demande et une offre de prestations	**3.1 Contribuer au développement de la relation commerciale** • Contribuer à l'amélioration de la connaissance du public **3.2 Satisfaire et fidéliser le public** • Co-construire avec le public la solution adaptée à ses besoins

Mission 1 Appréhender l'offre de service et mettre en œuvre une démarche qualité

L'office de tourisme est certifié Qualité Tourisme. Votre responsable vous explique que nombreux sont les prestataires dans la région à détenir et afficher cette marque sur leur enseigne. C'est un gage de qualité.
Aussi, elle vous demande de veiller à respecter et faire respecter les engagements pris par l'office.

Prenez connaissance du **document 1**, puis effectuez la tâche demandée.

Document 1 La marque qualité tourisme

Qualité Tourisme™, un accueil et des prestations de qualité garantis par l'État.
Afin de toujours mieux recevoir la clientèle et améliorer la qualité des prestations touristiques en France, l'État a créé la marque Qualité Tourisme™.

Cette marque sélectionne et fédère sous un même symbole les démarches qualité engagées pour la satisfaction de la clientèle dans l'hôtellerie, les résidences de tourisme, les villages de vacances, les campings, la restauration, les cafés et brasseries, les agences de locations saisonnières, les offices de tourisme, les lieux de visite et les activités de pleine nature.
C'est un signe de reconnaissance des établissements qui offrent des prestations de qualité, que les clients peuvent choisir en toute confiance.

À quoi s'engagent les professionnels du tourisme français ?
Les professionnels qui affichent la marque Qualité Tourisme™ s'engagent à offrir :
- un accueil chaleureux ;
- un personnel attentif ;
- la maîtrise des langues étrangères ;
- des prestations personnalisées ;
- des informations claires et précises ;
- une propreté et un confort assurés ;
- la découverte d'une destination ;
- la prise en compte de votre avis.

Quelles sont les garanties apportées par la marque Qualité Tourisme™ ?
Pour obtenir la marque Qualité Tourisme™, le prestataire doit suivre avec succès une démarche qualité conforme aux Engagements Nationaux de Qualité qui représentent les exigences essentielles à la satisfaction de la clientèle.
Les professionnels reconnus Qualité Tourisme™ sont à l'écoute grâce à l'analyse systématique des enquêtes de satisfaction et des réclamations. Leurs prestations sont régulièrement soumises à un contrôle inopiné et indépendant.
Ces procédures permettent aux professionnels d'améliorer de façon continue leurs prestations pour toujours mieux satisfaire les touristes.

wwww.atout-france.fr

Votre tâche

1. Expliquez ce qu'est la marque Qualité Tourisme.

....

....

....

2. Énumérez les professionnels qui peuvent profiter de ce label.

....

....

....

....

3. Énumérez les critères que cette marque garantit.

....

....

....

....

....

....

....

4. Expliquez ce qu'est une démarche qualité.

....

....

....

....

....

....

5. Indiquez, selon vous, les enjeux principaux de cette démarche qualité pour les professionnels.

....

....

....

....

....

....

....

....

6. Présentez les moyens de contrôler et maintenir la qualité des prestations offertes par les professionnels.

....

....

....

....

7. Expliquez ainsi, selon-vous, ce qu'est la qualité.

....

....

....

Mission 2 Traiter la demande et la formaliser

Soucieux de répondre à une demande de la part des prestataires de service de tourisme, votre responsable vous confie la mission de promouvoir un label de qualité de l'accueil des personnes en situation de handicap. Vous traitez la demande d'un prestataire de service qui souhaite davantage accueillir la clientèle porteuse de handicap.

Prenez connaissance des **documents 2** à **4**, puis effectuez la tâche demandée.

Document 2 La réglementation

La loi n° 2005-102 du 11 février 2005

Article 2 : « Constitue un handicap toute limitation d'activité ou restriction de participation à la vie en société subie dans son environnement par une personne en raison d'une altération substantielle, durable ou définitive d'une ou plusieurs fonctions physiques, sensorielles, mentales, cognitives ou psychiques, d'un polyhandicap ou d'un trouble de santé invalidant ».

Article 41 : « L'accessibilité est due à tous, et notamment aux personnes handicapées, quel que soit le type de handicap, physique, sensoriel, cognitif, mental ou psychique ».

Document 3 La signalétique

Les quatre handicaps représentés par des pictogrammes.

Handicap moteur

Handicap mental

Handicap visuel

Handicap auditif

Document 4 La marque d'État Tourisme & Handicap

La **marque d'État Tourisme & Handicap** a pour objectif d'apporter une information objective et homogène sur l'accessibilité des sites et des équipements touristiques. Tourisme & Handicap prend en compte les **quatre familles de handicaps** (auditif, mental, moteur et visuel) et vise à développer une offre touristique adaptée et intégrée à l'offre généraliste.

Cette marque est le **fruit d'une collaboration entre plusieurs acteurs** : le ministère chargé du Tourisme, les professionnels du secteur, les collectivités territoriales et les associations représentant les personnes handicapées.

Propriété de l'État, elle a été déposée à l'Institut national de la propriété intellectuelle, le 12 février 2003 en tant que **marque collective simple**.

Une information objective

Les **évaluations** des sites et des équipements touristiques sont réalisées par des **binômes d'évaluateurs** issus des mondes du tourisme et du handicap sur la base de **critères précis et évolutifs** réunis dans des cahiers des charges, **tous les cinq ans**.

Le champ de la marque s'est étendu au fil des années à des **activités touristiques variées qui sont regroupées en 5 catégories** :

- **Hébergement :** camping, chambre d'hôtes, hébergement collectif, hébergement insolite, hôtel, meublé de tourisme, résidence de tourisme et village de vacances.
- **Information touristique :** partenaire du tourisme et office de tourisme.

- **Loisir :** établissement de loisir, loisir éducatif, parc de loisir, sport de nature et sortie nature.
- **Restauration :** café, bar, brasserie et restaurant.
- **Visite :** écomusée, lieu de visite, parc à thème, site de préhistoire, visite d'entreprise et visite guidée.

Une démarche volontaire

La marque garantit la **qualité d'accueil** et permet de passer du **« Pouvoir accueillir »** que valide la loi, au **« Vouloir accueillir »** qui émane d'une **démarche volontaire** de la part du prestataire.

En effet, la marque constitue la **reconnaissance de la volonté** d'un professionnel du tourisme d'apporter une réponse à la demande à titre individuel, des personnes handicapées de **choisir leurs vacances et leurs loisirs en toute liberté, sécurité et autonomie.**

Une démarche homogène

La marque garantit aux personnes handicapées et à leur famille l'**application de critères d'une démarche homogène sur l'ensemble du territoire.**

La marque se conforme non seulement aux obligations d'accessibilité issues de la loi du 11 février 2005 pour l'égalité des droits et des chances, la participation et la citoyenneté des personnes handicapées, mais dans certains cas va **au delà du cadre législatif et réglementaire en proposant un mieux disant quant à l'accueil et aux prestations de services.**

Votre tâche

- Rédigez un argumentaire structuré, permettant de mettre en avant trois caractéristiques principales, afin de présenter le label Tourisme & Handicap.

....

....

....

....

....

....

....

....

....

....

Mission 3 Traiter la demande des visiteurs

Vous effectuez l'accueil des visiteurs. Votre responsable vous demande de respecter la procédure d'accueil. Elle vous demande d'être attentif aux visiteurs en situation de handicap.

Prenez connaissance des documents 5 à 7, puis effectuez les tâches demandées.

Document 5 Procédure d'accueil d'un visiteur déficient visuel

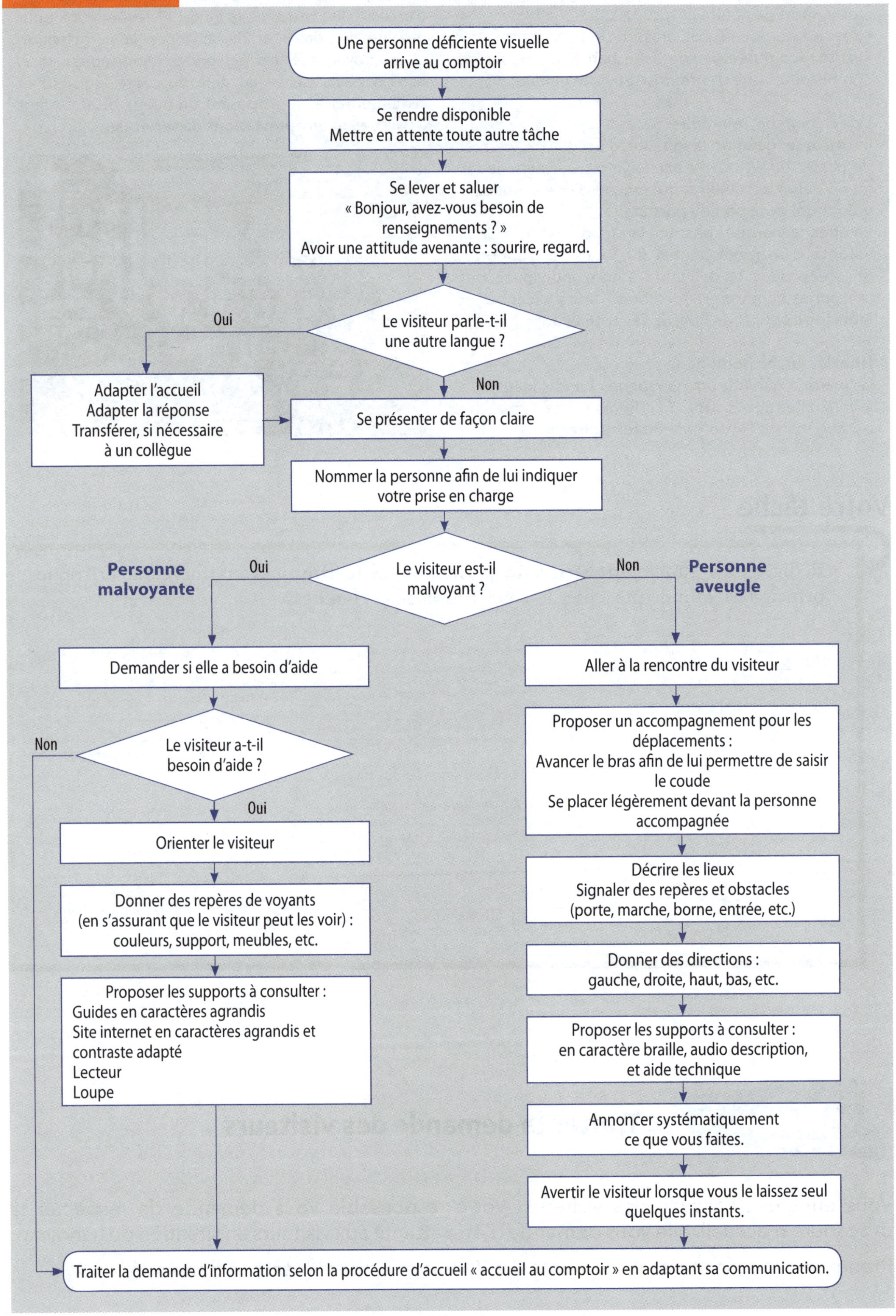

Document 6 Le logigramme

Le logigramme est un outil d'analyse qui permet de représenter de manière graphique l'enchaînement logique des opérations à effectuer pour réaliser un travail.

Il permet de :

- Visualiser une succession logique d'opérations et de décisions.
- Représenter l'enchaînement des opérations à effectuer, par ordre chronologique.
- Aider à l'élaboration d'un processus ou d'une procédure.

Pour représenter l'enchaînement des opérations, des symboles normalisés sont utilisés. Ils sont reliés entre eux par des flèches. Les trois principaux symboles sont les suivants :

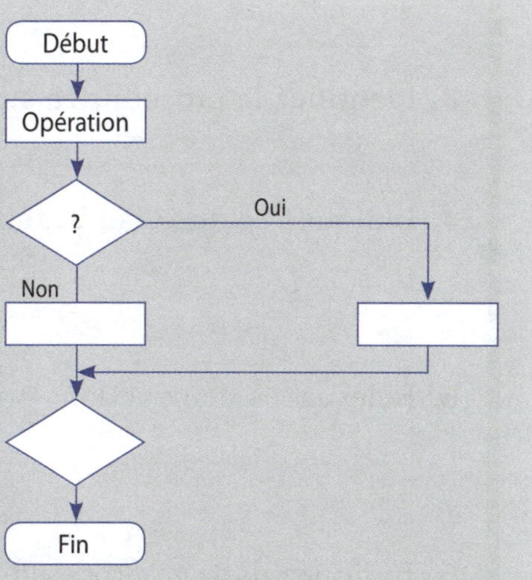

L'ovale représente le point de départ ou d'arrivée du processus. Selon le cas, figurera le mot « début » ou le mot « fin » dans le symbole.

Le rectangle représente une opération du processus, dont la nature, résumée par une courte phrase commençant par un verbe d'action, est indiquée à l'intérieur du symbole.

Le losange représente un choix qui aboutit à des opérations différentes selon qu'il est répondu « oui » ou « non » à la question inscrite dans le symbole.
Dans le losange, indiquer une question ou un critère correspondant à une décision.

www.anfh.asso.fr

Document 7 M. BISHOP

Votre tâche

1. Expliquez ce qu'est une procédure.

....

....

....

....

2. Indiquez l'instrument utilisé pour visualiser la procédure d'accueil.

....

3. Identifiez la procédure à suivre évoquée dans le document.

....

4. Indiquez ce que vise à mettre en évidence cette procédure.

....

....

5. Relevez les deux actions possibles dans cette procédure.

....

....

6. Indiquez dans ce processus :
   - la tâche initiale à effectuer : ....

   ....

   - la tâche finale : ....

   ....

7. Indiquez l'intérêt d'établir une fiche de procédure pour visiteur déficient visuel.

....

....

....

8. Énumérez les autres types de déficience dont il est aussi intéressant d'avoir une fiche de procédure.

....

....

....

9. Effectuez l'accueil de M. BISHOP (étape par étape, actions à effectuer et phrases à formuler).

....

....

....

....

....

....

....

....

....

....

....

....

....

Mission 4 — Co-construire une solution adaptée au besoin du visiteur

Vous continuez de prendre en charge M. BISHOP. Vous devez co-construire une offre de séjour adaptée à sa situation.

Prenez connaissance des **documents 8** et **9**, puis effectuez les tâches demandées.

Document 8 — Votre prise de note

M. BISHOP
Vient pour un court séjour. Durée du séjour : un week-end.
Il souhaite effectuer une petite excursion ou une promenade et profiter de l'ambiance architecturale aux alentours de Nancy.
Il souhaite déguster un plat typique de la région.
Il a envie de terminer par une prestation originale et mémorable.

Document 9 — Résultats de votre recherche sur le moteur de recherche de l'office

TYPE

- ☐ Hébergements
- ☑ A voir / à faire
- ☑ Restauration

TOURISME & HANDICAP

- ☐ Auditif
- ☐ Mental
- ☐ Moteur
- ☑ Visuel

À PROXIMITÉ DE

NANCY ✕

NANCY
JARDIN PAUL VERLAINE
Le Jardin Paul Verlaine est une succession d'ambiances et d'architectures ...

NANCY
PARC SAINTE MARIE
D'une superficie de 7,5 hectares, c'est le second parc de la ville

BACCARAT
RESTAURANT LA RENAISSANCE -
Le Restaurant "La Renaissance" est un restaurant dans la pure tradition ...

BERTRICHAMPS
RESTAURANT AUBERGE HEIDI -
Le Restaurant "Auberge Heidi" vous accueille pour savourer de délicieux ...

AZELOT

ECOLE FRANCAISE DE PARACHUTISME

Au cœur de la campagne Lorraine, le terrain d'Azelot,

FLAVIGNY SUR MOSELLE

FERME EQUESTRE LE MENIL ST MICHEL

Cette Ferme date de 1841, elle se situe à la sortie de Flavigny sur Moselle, ...

Votre tâche

1. Indiquez et justifiez si les prestations offertes sont adaptées au handicap de M. BISHOP.

2. Traitez la demande de M. BISHOP et proposez une offre adaptée.

TRAVAUX PRATIQUES 1 Pépite-nière

SITUATION

Vous effectuez une période de formation en milieu professionnel au sein de la pépinière d'entreprise située à Paris dans le 10e arrondissement.
Pépite-nière est une structure d'accueil, d'hébergement et d'accompagnement des nouvelles entreprises. Elle propose aux jeunes entreprises de disposer d'un appui considérable pour les aider dans leur lancement et leur développement.
Pour assurer ses missions, elle propose la domiciliation des entreprises, des locaux ouverts, fermés ou en co-working (espace de travail partagé), des espaces communs (salles de réunion, espace d'attente, espace de restauration), des équipements (vidéoprojecteurs) et des services partagés (wifi, Internet) permettant une réduction des charges et donc de favoriser la réussite des projets d'entreprise.
Pépite-nière est une pépinière d'entreprise de type généraliste, c'est-à-dire qu'elle exerce dans différents secteurs d'activité tels que l'informatique, la télécommunication, les énergies renouvelables, les technologies numériques, le multimédia, le bâtiment, le médical…
Vous êtes sous la responsabilité de Mme DUBEL.
Vous effectuez l'accueil physique et téléphonique des visiteurs et assurez les tâches administratives et commerciales connexes à cette activité.
Vous devez :

- Accueillir, guider, orienter les clients internes et les visiteurs externes de la pépinière.
- Informer et accompagner les clients internes et les prospects.
- Assurer le suivi et le développement relationnel avec les entreprises.
- Offrir et promouvoir les prestations de la pépinière aux entreprises.

PROBLÉMATIQUE

Compte tenu de la diversité des offres de la pépinière, votre responsable souhaite mener et renforcer une démarche qualité des prestations de service offertes par les chargés d'accueil aux professionnels.
Elle souhaite appliquer une démarche de qualité afin d'améliorer la performance de la pépinière, augmenter la satisfaction des entreprises et former les personnels d'accueil.
Comment répondre aux demandes des personnes accueillies tout en menant une démarche de qualité de service ?

MISSIONS

Votre responsable vous confie les missions suivantes :

- Traiter la demande des professionnels et des prospects.
- Élaborer une charte d'accueil.
- Proposer une offre de service adaptée aux besoins des prospects.

Mission 1 Mettre en œuvre une démarche qualité

Votre responsable souhaite s'engager dans une démarche qualité afin d'améliorer les performances des personnels d'accueil. Pour ce faire, elle vous explique avoir réalisé un diagnostic qualité et vous demande d'analyser les résultats de cet audit.

Puis, au vu des résultats, Mme DUBEL vous demande d'élaborer une charte d'accueil permettant d'améliorer les performances des agents d'accueil.

Prenez connaissance des **documents 1** à **3** et de l'**annexe**, puis effectuez la tâche demandée.

SYNTHÈSE 1

TRAITER LA DEMANDE

1. La démarche qualité

La qualité :

....

....

La démarche qualité :

....

....

2. Les outils

La charte d'accueil :

....

....

La procédure d'accueil :

....

....

3. Traiter la demande

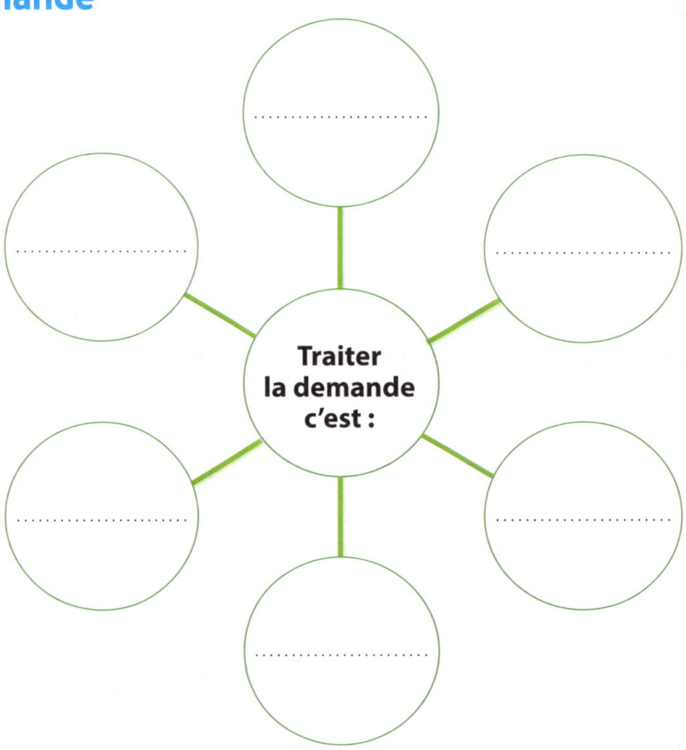

SITUATION 2 Parc-Gik

Vous êtes en PFMP au sein du parc d'attraction Parc-Gik, situé à Valence dans la Drôme (26).
Parc-Gik est un parc de loisirs proposant des attractions aquatiques avec des toboggans spectaculaires et vertigineux dans un cadre luxuriant et végétal.
C'est pourquoi, sur une superficie de 15 hectares, le parc propose aux milliers de clients de tout âge, des toboggans offrant des sensations fortes, des aquariums, des parcours dans une jungle, des espaces de restauration et des lieux dédiés aux plus jeunes enfants.

PROBLÉMATIQUE

Votre responsable, Mme ESTEBES souhaite améliorer l'accueil des visiteurs durant la période estivale, dès l'entrée, au point d'accueil et aux caisses du parc, mais aussi dans les attractions et les restaurants.
Comment accueillir les clients de manière omnicanale ? Comment réduire le temps d'attente et rendre le parcours client au sein du parc agréable ?

MISSIONS

Votre responsable vous confie les missions suivantes :
- Identifier les paramètres générant des flux.
- Mesurer l'impact du flux des clients sur l'attente et accompagner l'attente du public.
- Traiter l'information et hiérarchiser les activités pour organiser l'attente.
- Mesurer la qualité des prestations et proposer d'éventuelles améliorations.
- Apporter une réponse à la réclamation.

Bloc de compétences 1 Gérer l'accueil multicanal à des fins d'information, d'orientation et de conseil	Bloc de compétences 2 Gérer l'information et des prestations à des fins organisationnelles	Bloc de compétences 3 Gérer la relation commerciale
1.5 Gérer les flux • Identifier les paramètres générant du flux • Mesurer l'impact du flux sur l'attente • Repérer les signes de tensions générées par l'attente • Accompagner l'attente du public • Hiérarchiser les activités pour organiser l'attente	**2.1 Gérer l'information** • Repérer les sources d'information **2.2 Gérer des prestations internes et externes** • Mesurer la qualité des prestations et proposer d'éventuelles améliorations	**3.3 Gérer les réclamations** • Recueillir les réclamations • Apporter une réponse à la réclamation et/ou au mécontentement

Mission 1 Identifier les paramètres générant du flux

Vous préparez l'ouverture de la période estivale du parc. Cette ouverture doit être préparée avec minutie car elle va conditionner la saison qui s'amorce.
C'est pourquoi, votre responsable vous demande d'identifier les paramètres générant du flux de clientèle.

Prenez connaissance du **document 1**, puis effectuez la tâche demandée.

Document 1 La météo : un paramètre générant du flux

Pour un parc d'attractions, la période estivale est très souvent la plus importante d'une année. Avec l'arrivée des beaux jours, les heures d'ouverture se prolongent et la gestion devient plus intense. Beaucoup de gestionnaires pensent que le succès de leur saison est intimement lié à la météo. Même si ce n'est pas totalement faux, le succès rencontré dépend surtout de la façon dont est géré le parc (anticipation, organisation et flexibilité). Voici les raisons pour lesquelles vous avez certainement besoin d'intégrer la météo dans votre gestion.

Anticiper le nombre de visites

Vous avez déjà conscience que vos visiteurs sont très météo-sensibles. Il suffit de quelques gouttes de pluie pour observer un petit creux dans les statistiques de fréquentation ou au contraire une belle journée ensoleillée pour atteindre des pics incroyables. Il est donc intéressant de réaliser une corrélation entre la météo et le nombre de visites. Vous aurez ainsi une vision globale du niveau d'affluence prévue jour par jour pour organiser vos moyens de production de manière efficiente.

Gérer vos capacités d'accueil

- **Ouvrir des points d'accueil et caisses supplémentaires** afin de réduire le temps d'attente des visiteurs. Ils peuvent alors profiter pleinement de leur journée et ne pas perdre de temps. Le cas échéant, vous pouvez occuper vos visiteurs en proposant des animations sur un écran. Vous pouvez par exemple diffuser les nouveautés, les horaires des spectacles à ne pas louper, la météo des heures qui suivent…
- **Faire appel à quelques animateurs de plus** le temps d'une journée, de quelques semaines voire carrément tout l'été. L'affluence de vacanciers et touristes augmente fortement lors de cette époque de l'année. Quelques personnes de plus dans votre effectif devraient suffire à combler le surplus d'activité. En plus, c'est la période idéale pour embaucher de jeunes étudiants.
- **Fermer temporairement une attraction lors d'intempéries.** Parfois, il arrive que des conditions météo défavorables empêchent le fonctionnement optimal des attractions. Par mesure de sécurité, ces dernières sont fermées entraînant frustration et attente aux autres attractions. L'accès à des prévisions précises et alertes en temps réel permettrait de réduire la durée de fermeture des attractions concernées. Par exemple, si une attraction doit être fermée en raison de fortes rafales de vent, elle peut être rouverte dès lors que la vitesse du vent a diminué.

Mieux communiquer pour mieux vendre

Les ventes sont intimement liées au temps qu'il fait. Si vous n'en êtes pas persuadé, c'est le moment de vérifier en comparant vos ventes en ligne (ou tout autre indicateur) et les conditions météo passées. Vous saurez alors quels sont les paramètres météo qui influencent le comportement d'achat de vos visiteurs. Si vous disposez d'écrans au sein de votre parc, vous pouvez en profiter pour diffuser des messages en fonction des conditions extérieures en temps réel. Selon l'endroit où ils sont implantés (caisse, restaurant, snack, boutique…), vous pouvez y adapter les messages. Par exemple, lors de chaleur caniculaire, incitez vos visiteurs à se rafraîchir au snack ou à se protéger du soleil (mise en avant de casquettes et lunettes).

blog.previmeteo.com

Votre tâche

1. Rappelez les notions suivantes.

a) Flux : ....

b) Affluence : ....

....

c) Temps d'attente : ....

....

d) La durée de la visite : ....

....

2. Identifiez puis relevez le facteur générant du flux au sein du parc.

....

....

3. Indiquez les mesures pertinentes et adaptées à prendre face à l'ampleur de ce flux.

....

....

....

....

Mission 2 Mesurer l'impact du flux des clients sur l'attente et accompagner l'attente du public

Les caisses et certaines attractions sont des lieux où l'attente est encore importante. Votre responsable vous explique que l'attente a un impact sur le flux. Cet impact doit être préalablement étudié afin de pouvoir proposer des outils d'amélioration. Mme ESTEBES vous demande donc d'étudier la documentation.

Prenez connaissance des **documents 2** à **4**, de l'**annexe 1**, puis effectuez la tâche demandée.

Document 2 Attractions, attentes et satisfaction clients

Histoire inspirée de faits réels

« Vos enfants attendent ce jour depuis que vous leur en avez parlé : aujourd'hui, départ pour le parc d'attractions !

À l'arrivée, premiers désagréments : en cette journée ensoleillée, les visiteurs se massent à l'entrée du parking, ça n'avance pas… Une demi-heure plus tard, enfin garé, rebelote, un grand nombre de personnes ont maintenant atteint l'entrée du parc ! L'endroit est magnifique mais pas le temps de se prélasser, vos enfants vous tirent déjà pour aller faire la dernière attraction. Évidemment, ils sont loin d'être les seuls à avoir eu cette idée ! Bilan : une heure d'attente.

Heureusement, l'attraction est un succès mais vos enfants, encore tout retournés, demandent à s'hydrater. Vous décidez alors d'acheter des rafraîchissements. Problème : les stands sont bondés et vous allez encore devoir attendre… Il semble que l'attente soit le maître-mot de la journée !

Une expérience client améliorable

Certains d'entre vous se reconnaissent sûrement dans ce genre de situations. L'attente et la foule sont a priori des inconvénients connus et relativement tolérés pour ce type d'activités. Toutefois il n'est pas rare que des visiteurs repartent de ces établissements agacés par une affluence trop importante, des files d'attente trop longues ou la combinaison de ces deux irritants avec d'autres sources d'insatisfaction.

Dans ce cas, la question d'une stratégie 100 %

Mission 5 Apporter une réponse à la réclamation

Votre responsable vous demande de collecter les réclamations des visiteurs du parc lors de l'inauguration. Elle vous demande de traiter l'une d'entre elles et d'apporter une réponse adéquate en fonction du canal utilisé. Elle vous explique que certaines attractions ont dû être fermées à cause de dysfonctionnements liés à la météo de ces derniers jours. Une partie du parking est inondé. Il a été fermé au public. Il s'agit d'assurer la sécurité des visiteurs.

Prenez connaissance de l'**annexe 3**, puis effectuez la tâche demandée.

Votre tâche

- Répondez aux réclamations des visiteurs. Complétez l'**annexe 3**.

Annexe 3 Le live chat du Parc-Gik, l'agent conversationnel

TRAVAUX PRATIQUES 2 L'Espace culture

SITUATION

Vous êtes en PFMP au sein de l'Espace culture situé à Lille (59).
L'Espace culture est une chaîne de magasins française spécialisée dans la distribution de produits culturels (musique, littérature, cinéma, jeu vidéo) et électroniques (hi-fi, informatique, télévision), à destination du grand public.
Cette chaîne de magasins a su déployer une stratégie omnicanale pour accompagner les clients dans leurs achats.

PROBLÉMATIQUE

Votre responsable, Mme FLANDRE, toujours dans une logique omnicanale, souhaite améliorer la qualité de l'accueil téléphonique. En effet, les clients utilisent l'ensemble des points de contact dans leur expérience d'achat, le téléphone reste le canal privilégié, mais avec un réel taux d'insatisfaction quant à son utilisation.
Comment accueillir les clients au téléphone de manière optimale, en fluidifiant les appels et évitant les débordements et l'insatisfaction de la clientèle ?

MISSIONS

Votre responsable vous confie les missions suivantes :
- Identifier les paramètres générant du flux d'appel téléphonique.
- Traiter les demandes.

Mission 1 Identifier les paramètres générant du flux d'appel téléphonique

Votre responsable vous demande de gérer les appels des clients. Le magasin dispose d'un serveur vocal qui traite les appels. Il arrive parfois que les flux d'appels soient trop nombreux…

Prenez connaissance des **documents 1** à **3**, puis effectuez la tâche demandée.

Document 1 Propos de votre responsable concernant le SVI du magasin

Nous utilisons un SVI : **serveur vocal interactif**. C'est un système informatique capable de dialoguer avec un utilisateur par téléphone. Il est capable de recevoir et d'émettre des appels téléphoniques, de réagir aux actions de l'utilisateur (appui sur des touches du téléphone, reconnaissance vocale ou reconnaissance de son numéro téléphonique d'appel) selon une logique préprogrammée, de diffuser des messages préenregistrés ou en synthèse vocale, et d'accéder à des bases de données d'autre part. Un serveur vocal interactif est généralement capable de traiter de nombreux appels simultanés indépendants.

Mission 1 Repérer les signes de tension et de conflit

Votre responsable est consciente que l'année a été longue et intense en événementiels. Les membres de l'équipe des hôtesses et des stewards sont tendus voire en conflit dans certaines situations.
Elle vous confie la mission de recenser les situations conflictuelles au sein de l'agence. Elle envisage de sensibiliser le personnel.

Prenez connaissance des **documents 1** à **4**, de l'**annexe 1**, puis effectuez la tâche demandée.

Document 1 Définition

Le conflit
Il est difficile à définir. Il semble que ce dernier soit par essence un désaccord, une contradiction, ou une opposition entre deux personnes ou plus des entités.
Dans une organisation, le mot conflit s'applique en général à un blocage des mécanismes normaux de prise de décision de sorte qu'un individu ou un groupe éprouve des difficultés à opérer le choix d'une action.

Le malentendu
C'est le plus fréquent des conflits et, heureusement, le plus facile à résoudre. Il résulte toujours d'une erreur d'interprétation.
Le malentendu trouve toujours sa source dans une incompréhension.

Document 2 Les différents types de conflits

Les types de conflits entre les personnes et les groupes sont divers.

1. Les conflits intrapersonnels et interpersonnels

Les conflits intrapersonnels
Conflit interne qu'une personne subit en elle-même. Il se traduit par une incapacité à trancher, par une baisse de motivation et d'entrain, par des désirs contradictoires et l'ambivalence de sentiments… Il concerne des décisions à prendre, un écart entre des connaissances acquises et de nouvelles connaissances, la compréhension d'un problème.

Les conflits interpersonnels
Il implique deux ou plusieurs individus qui se perçoivent eux-mêmes opposés entre eux, sur des objectifs, leurs attitudes, leurs comportements ou leurs valeurs.
Nous pouvons distinguer cinq catégories de conflits interpersonnels :
- Conflits d'intérêts : On parle de conflit d'intérêt quand l'enjeu se voit limiter à un objet, un avantage, etc.
- Conflits de pouvoir : conflit qui apparaît entre des personnes de même rang hiérarchique.
- Conflits de concurrence : conflit qui existe dans certains métiers où la compétitivité, la recherche du résultat et sa qualification sont rendus nécessaires.
- Conflits culturels : Il relève des différences de valeurs ou de croyances des antagonistes.
- Conflits d'objectifs : il s'agit d'une situation dans laquelle les buts et les issues préférés par les parties semblent être incompatibles.

2. Les conflits intragroupes et intergroupes

Le conflit intragroupe : il concerne les tensions qui surgissent au sein d'un groupe et qui peuvent affecter son fonctionnement. Ici, les causes du conflit résident dans la nature des tâches assignées ou dans les rôles alloués aux acteurs.
Le conflit intergroupe : le type de conflit le plus connu du public, en ce qui concerne les organisations, est celui qui se produit souvent dans les relations entre les syndicats et la direction.

Document 3 Les sources de conflit dans l'agence

Les sources de conflit sont soit liées au fonctionnement de l'organisation, soit à l'individu lui-même.

1. Sources liées au fonctionnement de l'organisation

- Mauvaise définition et mauvaise répartition des tâches.
- Interdépendances des tâches (le travail d'une personne dépend du travail d'une autre).
- Méthodes et procédures de travail lourdes.
- Absence de valorisation de la part des chefs des efforts et des résultats obtenus (effort non récompensé, mépris, pas d'encouragement, etc.).
- Absence d'information concertée.
- Absence de participation du personnel aux décisions.
- Absence de relation efficace avec la hiérarchie.
- Absence de suivi des résultats de l'entreprise, du service, de l'équipe, etc.
- Absence de suivi des performances individuelles.
- Bureaux fermés, utilisation limitée des moyens de communication (réunion, intranet, etc.).
- Absence d'objectifs clairs, pertinents et acceptés.
- Absence d'indicateurs de mesures des performances individuelles et collectives.
- Incompatibilités d'objectifs : les membres d'une organisation poursuivent des objectifs différents voire opposés.

2. Sources psychologiques

Les conflits peuvent trouver leur source dans la personnalité des individus. Ces causes psychologiques ont des origines diverses et trouvent bien souvent leur source à l'extérieur de l'organisation.

Elles se matérialisent sous diverses formes : la violence, l'angoisse, la dépression, l'agressivité, la frustration… et ont pour point commun la durée assez longue de leurs effets.

En présence de telles sources de conflits, il est très difficile pour l'entreprise de parvenir à une maîtrise du problème. Certaines font recourir à des professionnels de la santé.

Document 4 Extrait des propos recueillis de l'équipe d'hôtesses et de stewards

Enzo : En fait, j'hésite souvent. Je ne sais jamais s'il faut demander une pièce d'identité ou le badge.
La chef d'équipe ne nous l'a pas dit avant d'accueillir les premiers visiteurs.

Louise : Pour les horaires de travail, je ne sais pas si la direction a le droit de nous imposer une heure supplémentaire ce jour-là.
S'il le faut je demanderai au responsable syndical. La direction prend ses décisions sans nous concerter.

Marie : Antoine, depuis qu'il a perdu sa mère, il n'arrive plus à travailler avec les membres de l'équipe d'hôtesses. Il est distant.

Aisseta : Marie et Louise perturbent l'ambiance de l'équipe d'hôtesses. Bien qu'elles soient les hôtesses principales, elles sont entrées dans un jeu où l'une veut être meilleure que l'autre. On subit. Elles prennent parfois des décisions contraires. C'est usant.

Anna : Dans l'équipe, nous sommes en réalité deux groupes d'hôtesses. Une sorte de compétition s'est installée.
Nous le savons, nous sommes les meilleures. Nous avons plus d'expérience et nous le voyons très bien au regard des clients.

Lila : Nous les hôtesses, nous avons le sens du service ! Nous sommes professionnelles. Nous ne sommes pas intéressées par les chiffres et les statistiques. Notre objectif, c'est la satisfaction du client. On ne va pas nous enquiquiner avec des tableaux de bord et des procédures imbuvables.

Votre tâche

1. Complétez le tableau de comparaison des offres des prestataires en **annexe 3**.
2. Déterminez le prestataire susceptible de correspondre aux attentes de votre responsable et justifiez votre choix.

Annexe 3 Tableau de comparaison des propositions retenues

Critère	Prestataire 1	Prestataire 2	Prestataire 3
Coordonnées			
Prestation Montant unitaire brut HT			
Repas			
Transport			
Total HT unitaire net			
Total HT			
TVA			
Total TTC			
Total unitaire TTC			
Choix : À retenir (oui/non) Justification			

TRAVAUX PRATIQUES 3 Elic-Plus

SITUATION

Vous effectuez une période de formation en milieu professionnel au sein d'Elic-Plus, distributeur d'énergie, situé à Saint-Brieuc (22).
Elic-Plus produit une énergie propre et abordable, respectueuse du climat et de l'environnement. Cette entreprise utilise toutes les sources d'énergie : nucléaire, vent, eau, soleil, biomasse, etc. Son engagement est de réduire ses émissions de CO_2 (moins de carbone) afin de lutter contre le réchauffement climatique. Aussi, pour réaliser son engagement, Elic-Plus a décidé de faire participer toutes les parties prenantes de son activité, afin de les rendre acteurs et responsables dans cette lutte climatique. Au plus près de sa clientèle et ses collaborateurs, l'entreprise a pour vocation de proposer un climat de travail serein et confiant.

PROBLÉMATIQUE

C'est pourquoi, votre responsable souhaite développer sa stratégie à partir de toutes les formes d'intelligence.
L'enjeu est d'embarquer les acteurs internes et externes dans une démarche communautaire et collective de co-innovation et de résolution de problème. Comment favoriser les échanges entre les différents acteurs ?

MISSIONS

Votre responsable, M. GAÏC, vous confie les missions suivantes :
- Développer une intelligence collective entre les membres.
- Développer une intelligence émotionnelle dans le cadre de la gestion des conflits.
- Développer une intelligence artificielle afin d'appréhender les tensions éventuelles.

Mission 1 Développer une intelligence collective

Votre responsable vous demande d'abord de prendre en charge l'intelligence collective des clients. Il vous explique qu'à travers le site communautaire « Togeser », qui rassemble ses collaborateurs et ses clients internautes, le mode de travail collaboratif est privilégié pour imaginer les produits et services de demain.

Prenez connaissance des **documents 1** à **3**, de l'**annexe 1**, puis effectuez la tâche demandée.

Document 1 Définition de l'intelligence collective

L'intelligence collective représente la capacité intellectuelle d'une communauté d'individus qui est issue des interactions entre ses membres, permettant d'effectuer des tâches complexes grâce aux synergies réalisées.
L'intelligence collective suppose, pour la communauté, le partage de l'information, le respect de règles communes, de nombreuses relations sociales, et un bénéfice à collaborer pour chacun des membres.

www.journaldunet.fr

Document 2 Les principes de l'intelligence collective

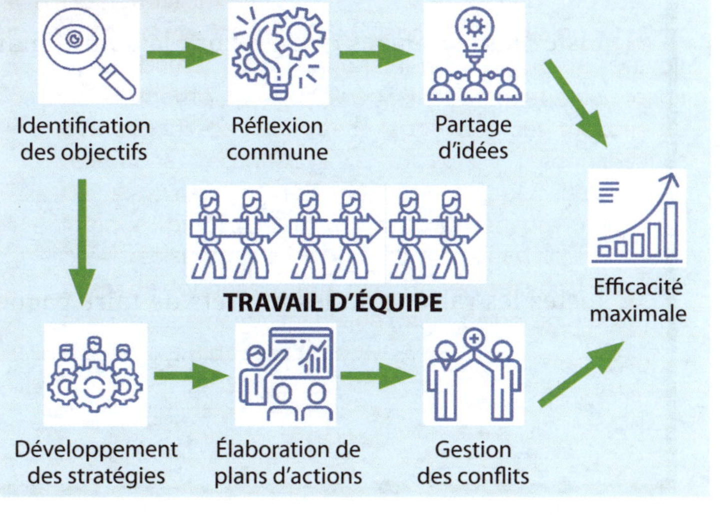

Document 3 Le fonctionnement de l'intelligence collective chez Elic-Plus

1. Vous avez une idée qui pourrait améliorer votre bien-être chez vous et chez les autres ? Vous souhaitez la partager ?

2. Connectez-vous sur le site d'Elic-Plus, rubrique « Togeser », onglet « je m'inscris » pour contribuer. Vous faîtes partie de la communauté Togeser !

3. Sur le site, vous êtes désormais un membre de la communauté de l'innovation. Vous pouvez partager vos idées, tester des produits innovants, participer à des projets qui améliorent votre quotidien.

4. Vous cliquez sur un des projets en cours et partagez vos idées, remarques, suggestions. Commentez les idées des autres participants et/ou likez-les. Participez au sondage. Si vous êtes parmi les « top-contributeurs », vous pouvez gagner des cadeaux !

Votre tâche

1. Indiquez pour chaque situation, présentée en **annexe 1**, s'il s'agit d'une caractéristique de l'intelligence collective. Justifiez votre réponse.
2. Indiquez le fonctionnement de l'intelligence collective chez Elic-Plus.

....
....
....
....

3. Listez les avantages que procure la communauté Togeser pour l'entreprise Elic-Plus.

....
....
....
....

4. Listez les raisons ou les intérêts de faire gagner des cadeaux aux « top-contributeurs ».

....
....
....

Annexe 1 Analyse des situations

Situation	Affirmation	Justification
1. L'intelligence collective est la mise en commun de capacités et de compétences d'individus.	☐ Vrai ☐ Faux	
2. L'intelligence collective ne permet pas de partager les idées des membres.	☐ Vrai ☐ Faux	
3. L'intelligence collective permet d'élaborer des plans d'action et des stratégies pour l'entreprise.	☐ Vrai ☐ Faux	
4. Ce sont les membres de la communauté qui décident de tous les projets que l'entreprise va entreprendre.	☐ Vrai ☐ Faux	
5. L'intelligence collective permet de réduire les conflits en entreprise.	☐ Vrai ☐ Faux	

Mission 2 Développer une intelligence émotionnelle

Dans le cadre de la gestion des conflits, votre responsable vous demande de développer l'intelligence émotionnelle des collaborateurs. En effet, il lui semble important de faire un travail de reconnaissance, de compréhension et de gestion des émotions en amont. Ce travail permettra de construire des relations de travail saines dans un cadre serein.

Prenez connaissance des **documents 4** et **5**, de l'**annexe 2**, puis effectuez la tâche demandée.

Document 4 Intelligence émotionnelle : notions

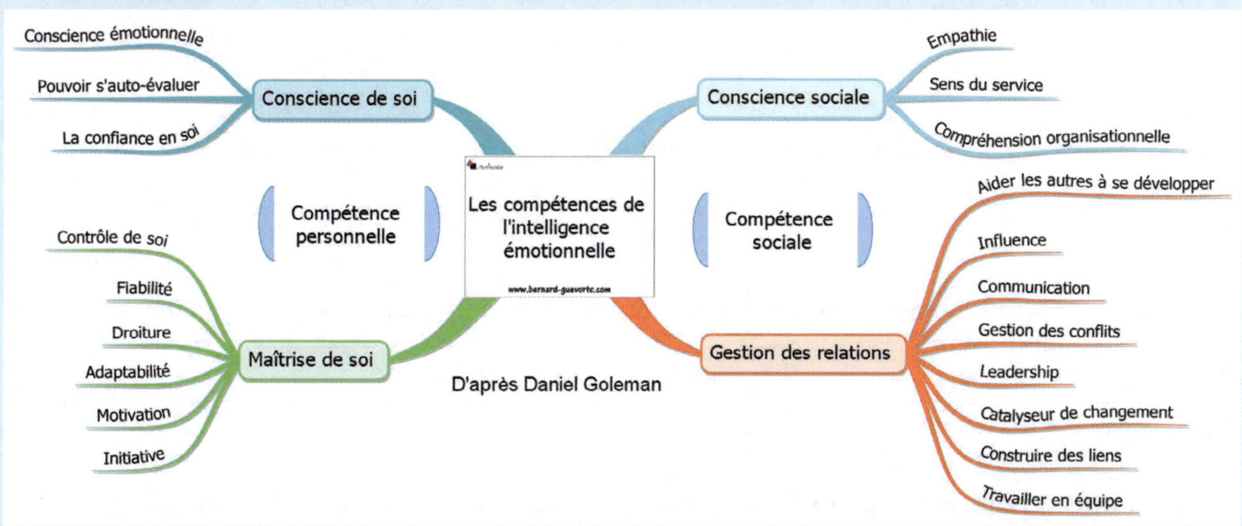

www.reveille-ton-leadership.com

Document 5 La bienveillance : clé de voûte relationnelle ?

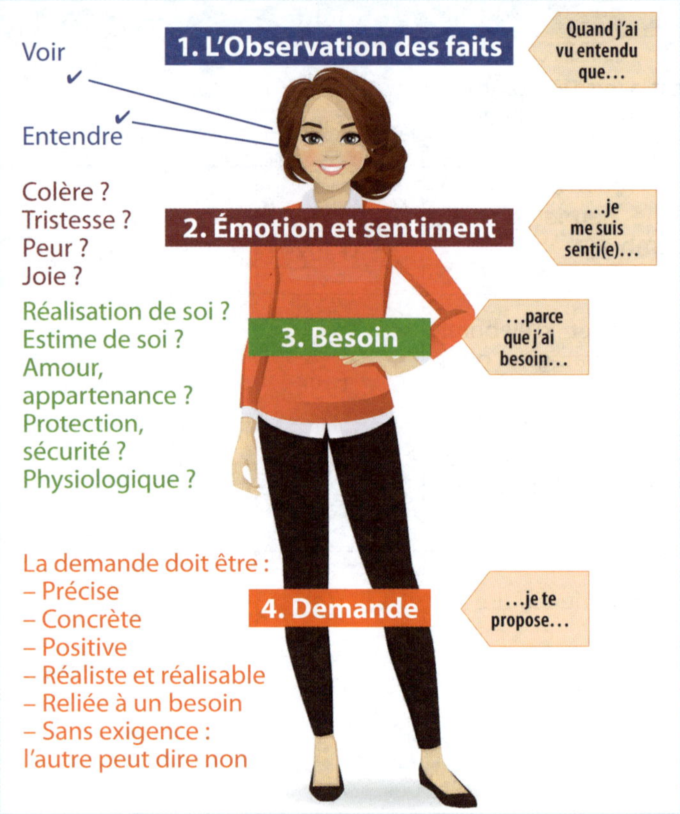

Votre tâche

1. Expliquez ce qu'est l'intelligence émotionnelle.

....

....

2. Rappelez les compétences de l'intelligence émotionnelle.

....

....

3. Rappelez les quatre principes fondamentaux de l'intelligence émotionnelle.

....

....

4. Expliquez quel est l'intérêt de reconnaître et comprendre les émotions des collaborateurs.

....

....

5. Expliquez quel sera l'impact d'une reconnaissance et d'une prise en compte des émotions des collaborateurs.

....

....

6. Indiquez pour chaque situation, l'émotion négative exprimée, le besoin ressenti et la réponse à formuler. Complétez l'**annexe 2**.

Annexe 2 Analyse des émotions négatives

Situation	Émotion	Besoin	Réponse à formuler
1. Mercredi matin, je suis arrivée à la réunion à 9 h 10, tu as dit devant tout le monde que j'étais toujours en retard.			
2. Je n'arrive pas à atteindre mes objectifs de résultat et à augmenter les contributions sur la plateforme.			
3. J'ai du mal à affirmer mon point de vue lors des réunions, je me sens souvent mal compris et mal jugé par mes collègues.			

Mission 3 Développer une intelligence artificielle

Votre responsable poursuit son travail et sa réflexion sur la gestion des conflits en entreprise. Il s'intéresse désormais à l'intelligence artificielle. Cet outil permet de simuler l'intelligence et donc de remplacer l'humain dans certaines actions cérébrales. Il vous remet un article et vous demande de l'analyser.

Prenez connaissance du **document 6**, puis effectuez la tâche demandée.

Document 6 L'influence de l'intelligence artificielle sur le management

<u>L'Intelligence Artificielle permet aux entreprises d'examiner les mails de leurs employés</u> pour savoir s'ils sont mécontents de leur travail, de sorte que les managers peuvent leur accorder plus d'attention avant que leur performance ne diminue ou qu'ils commencent à commettre des actions nuisibles à l'entreprise. L'exploration à travers nos courriers électroniques est bien plus pointue qu'on pourrait le croire : l'IA peut détecter les émotions à travers nos mots en repérant les répétitions de termes, les tournures de phrases et même la structure du mail.

www.welcometothejungle.com

Votre tâche

1. Rappelez la notion d'intelligence artificielle.

....

....

2. Expliquez la phrase soulignée dans le texte.

....

....

3. Expliquez l'intérêt pour l'entreprise d'analyser les courriers des salariés par l'intelligence artificielle.

....

....

....

SYNTHÈSE 3

GÉRER LES CONFLITS

1. Définition

Le conflit : ....

....

Le malentendu : ....

....

Les différents types de conflits :

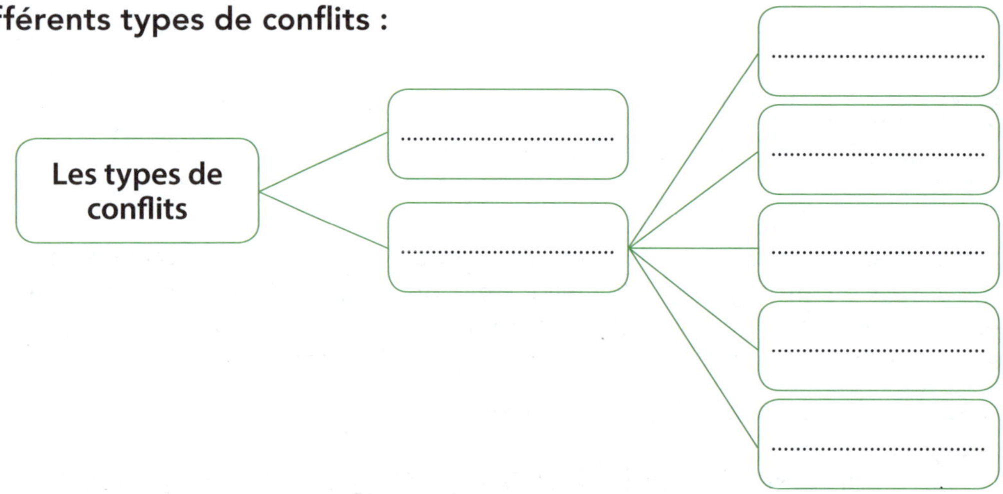

2. L'intelligence dans la gestion des conflits

L'intelligence émotionnelle : ....

....

Les 4 principes fondamentaux de l'intelligence émotionnelle :

....

L'intelligence collective : ....

....

L'intelligence artificielle : ....

....

SITUATION 4 Protecas

Vous êtes en PFMP au sein de l'agence Protecas située à Maubeuge (59). Protecas est un acteur majeur du secteur des assurances depuis 1983. Cette entreprise partage des valeurs mutualistes avec ses sociétaires comme la solidarité, l'équité et la responsabilité.
Elle offre des services en assurance pour l'habitation, le véhicule, la famille…
Elle applique une démarche qualité concernant son service d'accueil. Elle s'efforce de pratiquer une écoute active et une proximité de la part de ses conseillers vis-à-vis des sociétaires pour les accompagner dans toutes leurs démarches.
C'est pourquoi Protecas assure un accueil multicanal – en face à face, téléphone, SMS, MMS, chat, courriel, courrier et réseaux sociaux – pour répondre aux besoins et aux urgences de ses clients.
Vous êtes sous la responsabilité de M. SAJAD, responsable de l'agence.

PROBLÉMATIQUE

Face à l'enjeu de l'accueil multicanal, votre responsable souhaite gérer l'information afin de pouvoir la transformer en ressource par l'ensemble des acteurs internes et/ou externes de l'organisation.
Comment, dans un environnement multicanal, recueillir, extraire et organiser les informations utiles et efficaces pour l'agence ?
Comment faciliter la diffusion de l'information dans une logique de qualité de service des prestations d'accueil et dans un cadre omnicanal ?
Comment contrôler la fiabilité de l'information ?

MISSIONS

Votre responsable vous confie les missions suivantes :
- Recevoir le visiteur et actualiser la base de données.
- Repérer les sources et contrôler l'information sur les réseaux sociaux, rendre compte de l'activité.
- Contrôler l'information, mutualiser l'information et traiter une réclamation.

Bloc de compétences 1 **Gérer l'accueil multicanal à des fins d'information, d'orientation et de conseil**	**Bloc de compétences 2** **Gérer l'information et des prestations à des fins organisationnelles**	**Bloc de compétences 3** **Gérer la relation commerciale**
1.1 Gérer simultanément les activités • Organiser ses activités en coordination avec l'équipe **1.2 Prendre contact avec le public** • Recevoir le visiteur	**2.1 Gérer l'information** • Repérer les sources d'information • Contrôler l'information • Actualiser une base de données • Sélectionner l'information utile au service • Mutualiser l'information nécessaire à la continuité du service • Rendre compte de l'activité	**3.3 Gérer les réclamations** • Recueillir les réclamations

Mission 1 Recevoir le visiteur et actualiser la base de données

Vous êtes affecté à l'accueil. Vous prenez en charge les clients. Vous devez avant toute prise en charge contrôler et mettre à jour les dossiers clients.

Prenez connaissance des **documents 1** à **4**, de l'**annexe 1**, puis effectuez la tâche demandée.

Document 1 Extrait des règles à suivre pour traiter les demandes

1. Accueillir le client et traiter les demandes simples (information, renseignement, règlement, changement, déclaration de sinistre, édition d'une attestation d'assurance, enregistrement…).
2. Orienter les clients avec des demandes complexes vers les conseillers (souscription de contrat, devis, réclamation après visite de l'expert…).
3. Pour toutes demandes, contrôler les informations du client (nom, prénom, domiciliation, coordonnées postales, numériques et téléphoniques), enregistrer les demandes simples et actualiser la base de données.

Rappel : Le taux d'obsolescence des données peut atteindre 25 % par an. Un quart des informations sur la clientèle n'est donc plus d'actualité à la fin de l'année. Ce qui engendre des conséquences commerciales pour l'agence.

Document 2 L'obsolescence de la donnée : notion

Dans un contexte marketing, la notion d'obsolescence des données traduit le phénomène par lequel les données perdent de leur fiabilité et donc de leur valeur d'usage en fonction du caractère plus ou moins récent de la collecte ou de la mise à jour (récence).
La vitesse d'obsolescence des données est variable selon leur nature. Ainsi, la donnée relative à l'âge ou au sexe d'un client ne connaît pas d'obsolescence, sauf cas très exceptionnel, alors qu'une donnée relative à sa géolocalisation peut avoir une durée de vie de quelques secondes à quelques minutes selon la finesse de l'information souhaitée.

www.definitions-marketing.com

Document 3 Propos des clients

Mme FERREIRA

Allô, bonjour ! Voici mon adresse mail : manuela.f@outlook.fr.
Oui, je suis intéressée par le devis auto fait en ligne.

M. PETROVIC

Je vous prie de bien vouloir trouver ci-après mon nouveau numéro de téléphone :
06 32 78 56 51. Cordialement.

Mme MUSCA

Allô, bonjour.
Oui, voici ma nouvelle adresse mail : rosa.musca@yahoo.fr.

Mme BADIR

Je viens déclarer le décès de mon époux… Et fermer son compte.

M. FONTAINE

Veuillez accuser réception de l'acte de naissance de mon fils Théo. Cordialement.

Mme BOUDIL

Je voudrais changer le type de contrat de mon véhicule Renault.

Document 4 Base de données clients de l'agence

Identité client	Adresse postale	Adresse électronique	Nombre d'enfants	Téléphone	Type de contrat	Véhicule
BADIR Erwan	23 allées des Fleurs 59600 Maubeuge	badir@gmail.com	2	06 21 84 74 56	Habitation véhicule	Mercedes
BOUDIL Sophie	3 allées des Fleurs 59600 Maubeuge	sophieboudil@hotmail.fr	2	06 25 18 75 12	Habitation	Peugeot
FERREIRA Manuela	65 rue des Îlots 59600 Maubeuge		1	06 84 56 55 23	Habitation véhicule	Renault
FONTAINE Thomas	51 rue des Petits Pas 59600 Maubeuge	thomfon@laposte.net	2	07 45 81 02 65	Habitation véhicule	BMW
MANDULIKA Jérôme	24 rue G. Paillot 59600 Maubeuge	jerome.m@yahoo.fr	3	07 25 98 65 47	Habitation	Seat
MUSCA Rose	89 rue des Marchés 59600 Maubeuge		1	07 54 23 14 15	Habitation véhicule	
PETROVIC Samuel	27 avenue Rosa Parks 59600 Maubeuge	samupet@gmail.com	2		Véhicule	Kia

Votre tâche

1. Expliquez les raisons pour lesquelles il est nécessaire d'actualiser la base de données.

....

....

2. Donnez des exemples d'obsolescence des données.

....

....

....

3. Traitez les demandes des clients et actualisez la base de données en indiquant les actions à effectuer dans l'**annexe 1**.

Annexe 1 Actualiser la base de données

Identité client	Action à effectuer
BADIR Erwan	
BOUDIL Sophie	
FERREIRA Manuela	
FONTAINE Thomas	
MANDULIKA Jérôme	
MUSCA Rose	
PETROVIC Samuel	

Mission 2 — Repérer les sources et contrôler l'information sur les réseaux sociaux, rendre compte de l'activité

Vous poursuivez votre accueil multicanal à l'agence et vous constatez la part croissante des contacts sur les réseaux sociaux. Aussi, votre responsable vous demande d'identifier et de contrôler les différentes sources d'information. Puis, il vous demande un compte rendu des activités de l'agence.

Prenez connaissance des **documents 5** à **9**, des **annexes 2** et **3**, puis effectuez la tâche demandée.

Document 5 La gestion de l'information : c'est quoi ?

La gestion de l'information se traduit par des actions de recensement, de traitement (analyse), de stockage et enfin de diffusion auprès de l'audience requise.

L'information est un contenu de nature physique (courrier ou autre), ou numérique. Elle peut être structurée ou non. De plus, la source est interne ou externe à l'entreprise (exemple : marché de l'entreprise, la concurrence, les institutions, etc.).

equinoxegfi.com

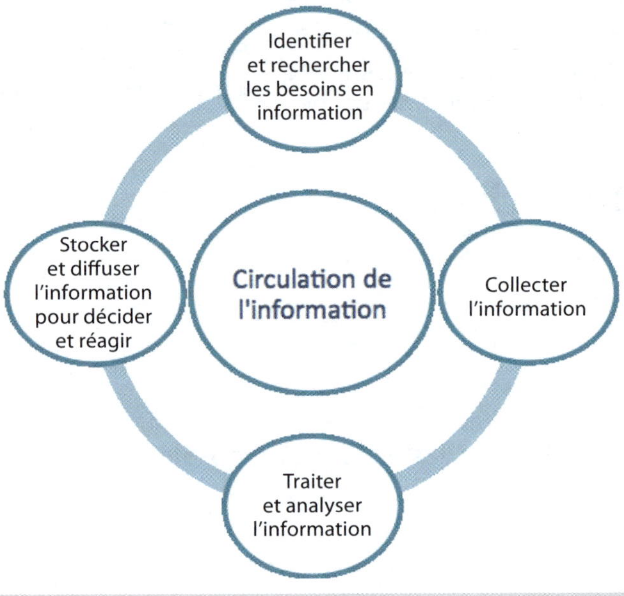

Document 6 Les sources d'information

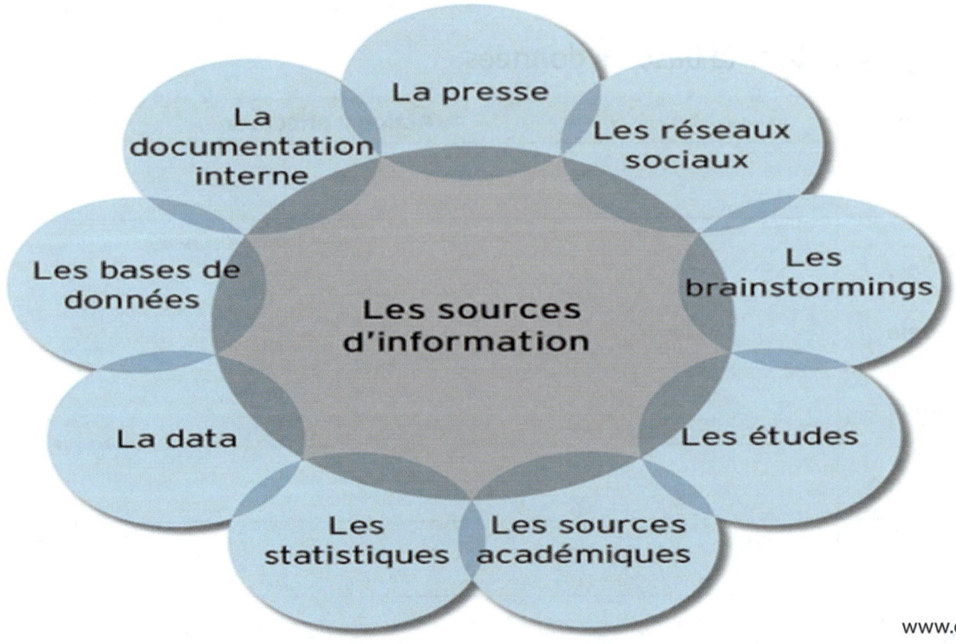

www.e-marketing.fr

Document 7 Environnement de travail numérique

Le terme d'*environnement de travail numérique* (digital workplace, en anglais), peut techniquement désigner n'importe quelle entreprise faisant usage d'ordinateurs et de logiciels. Mais le concept qualifie avant tout l'usage de la transformation numérique pour allier la technologie, les personnes et les processus métier, aussi bien au bureau qu'en dehors, afin d'améliorer l'efficacité opérationnelle et d'atteindre les objectifs métiers.

Objectifs de l'environnement de travail numérique

Parmi les objectifs courants de l'environnement de travail numérique, on peut citer l'usage de la technologie pour améliorer la communication, la collaboration, l'engagement des employés, la productivité, la gestion de contenu et les processus métier.

Le Cloud, les appareils mobiles et l'intelligence artificielle sont d'autres aspects importants de cet environnement, car ces technologies permettent de supprimer les barrières géographiques en matière de collaboration et de processus. Elles assurent aussi une disponibilité 24h/24 et 7j/7 des informations de l'entreprise.

Avantages et inconvénients

Les environnements de travail numériques permettent aux entreprises de réduire leur empreinte physique, donc les coûts, car les processus comme le stockage de documents et la collaboration des employés ont été largement simplifiés par les outils de collaboration numériques tels que la messagerie instantanée.

L'environnement de travail numérique a tout de même des inconvénients. En dépit des plateformes qui facilitent la collaboration virtuelle, l'interaction sociale peut être mise à mal lorsque les employés ne sont pas physiquement dans la même pièce : la collaboration en est moins efficace. En outre, la numérisation des processus et le stockage des informations sur un serveur distant peuvent créer des problèmes de sécurité et de conformité dans certains secteurs, au lieu de les résoudre.

whatis.techtarget.com/fr

Document 8 Planning partagé des collaborateurs

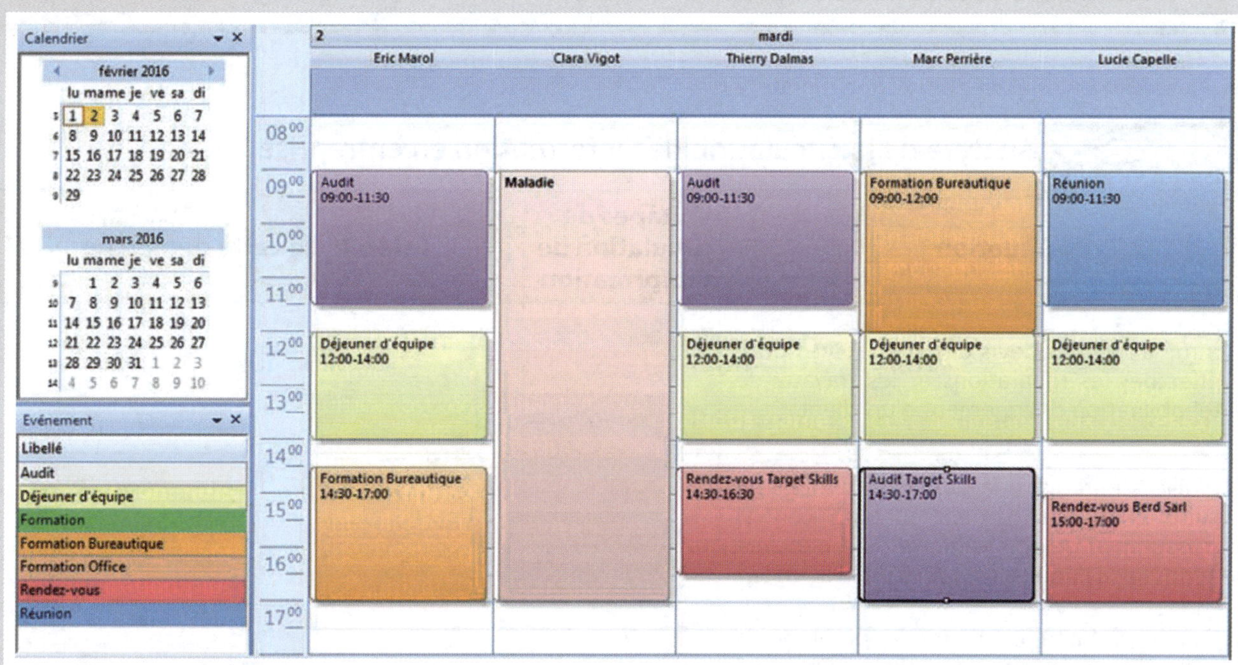

Document 9 Propos de votre responsable

Merci de convoquer les collaborateurs à une réunion lundi 1er février de 12 h à 14 h dans la salle polyvalente, afin de faire le bilan des activités de la semaine dernière et de fixer les objectifs hebdomadaires de la semaine à venir. Je souhaiterais que les collaborateurs me communiquent, lors de cet événement, le nombre de contrats conclus, le nombre de sinistres traités et le nombre de transformation des devis.

Votre tâche

1. Définissez la notion d'information.

....

....

2. Analysez la circulation de l'information et indiquez l'intérêt de cette démarche. Complétez l'**annexe 2**.

3. Rappelez la notion d'environnement de travail numérique.

....

....

4. Énumérez des outils de travail collaboratif utilisés dans l'environnement de travail numérique.

....

....

5. Présentez les avantages et les inconvénients d'utiliser un environnement numérique de travail.

....

....

....

....

6. Rédigez le courriel dans la messagerie intranet de l'agence afin de convoquer les collaborateurs à la réunion. Complétez l'**annexe 3**.

Annexe 2 Analyse de la circulation de l'information en entreprise

Situation	Étapes de circulation de l'information	Intérêts de cette démarche
1. Aimé a reçu les devis des prestataires pour effectuer les réparations et les travaux de réhabilitation du logement d'un client.		
2. Émilie a enregistré la demande d'un client suite à un changement sur son contrat d'assurance de son véhicule. Elle transfère le dossier à l'un des conseillers de l'agence.		
3. Salma souhaite connaître le profil de la clientèle et le segment des clients qui seraient intéressés par une nouvelle offre de garantie pour les objets nomades.		
4. Ophélie doit gérer la souscription en ligne d'une cliente. Cette dernière vient de lui faire parvenir les documents demandés : permis de conduire, certificat d'immatriculation, RIB…		

Annexe 3 Courriel de convocation à la réunion

De :	
À :	
Objet :	

Mission 3 Contrôler l'information, mutualiser l'information et traiter une réclamation

Votre responsable vous explique que les informations sont nécessaires car elles présentent des statuts différents, elles peuvent être diffusables, confidentielles, urgentes, ou prioritaires. Néanmoins, il est important de contrôler l'information avant qu'elle ne soit transmise. Il vous demande donc d'évaluer le niveau de satisfaction des clients en effectuant une veille documentaire.

Prenez connaissance des documents 10 à 13, des annexes 4 et 5, puis effectuez la tâche demandée.

Document 10 Contrôler et recouper l'information

Vérification d'un fait établi au moyen de renseignements provenant d'une source différente qui viennent le confirmer : Procéder par recoupements.
Éléments d'informations identiques dans des sources différentes ; ce en quoi des choses se recoupent : Il y a des recoupements dans leurs témoignages (vérification, rapprochement, comparaison).

www.larousse.fr

Document 11 Contrôler l'information sur les réseaux sociaux

Les réseaux sociaux ne sont pas des sources d'information au sens journalistique du terme. Tout le monde peut y diffuser des informations. Pour y voir plus clair, il faut :

1. Identifier l'auteur du message
Qui est l'auteur de l'information ? Est-ce un média connu, réputé fiable, ou un site dont on n'a jamais entendu parler ?

2. Si l'auteur est inconnu, se méfier !
Quand on est face à une information dont la source n'est pas vérifiable, le Décodex recommande « de partir du principe qu'une information donnée sur le Web par un inconnu sans aucune possibilité de la vérifier soi-même est a priori plus fausse que vraie. »

3. Se fier aux médias reconnus
Mais attention, même les médias reconnus, les journalistes et les experts peuvent se tromper.

4. Toujours chercher la source de l'information
Si on ne la trouve pas, il vaut mieux rester prudent.

5. Vérifier la date de l'information
Attention aux publications anciennes qui « remontent » quand elles sont très partagées. Le risque est de les considérer comme étant nouvelles.

6. Ne pas considérer qu'une photo est une preuve
Une vidéo non plus. Toutes deux peuvent par exemple avoir été retouchées. Pour vérifier une image, on peut copier son URL sur Google Images ou sur le site TinEye. Pour les vidéos, Amnesty International propose aussi un outil de recherche inversée. Il faut aussi se demander qui est l'auteur de l'image et quand la photo a été prise. Si on ne trouve pas la réponse à ces questions, la prudence est de mise.

7. Se méfier des messages choc
Il est important de ne pas se laisser piéger par nos émotions.

8. Ne pas se fier au nombre de partages sur le Web
Le nombre de partages sur les réseaux sociaux n'est pas une garantie de vérité. Autrement dit, ce n'est pas parce qu'un message est partagé par des milliers de personnes qu'il est vrai.

www.rts.ch

Document 12 Les informations sur Internet et sur les réseaux sociaux

Source 1

avis clients assurance auto

Classement des 10 meilleures assurances auto en 2018 / 2019

1. Covéa (MAAF, MMA, GMF)	**6. Allianz**
2. Macif	7. Matmut
3. Groupama	8. Crédit Agricole **Assurances**
4. Axa	9. Crédit Mutuel
5. Maif	10. Generali

4 févr. 2018

www.lesfurets.com › assurance-auto › guide › meilleur...

Meilleure assurance auto : Classement des meilleurs ...

À propos des extraits optimisés — Commentaires

lesfurets.com

Source 2

https://bonne-assurance.com

Source 3

Afin d'être complètement transparent, nous mettons en avant dans nos classements le nombre de notes utilisées pour le calcul des moyennes.

	MOYENNE	SATISFACTION	NIVEAU DES PRIX	QUALITÉ DU SERVICE CLIENT	QUALITÉ DES GARANTIES	NOMBRE D'AVIS
Macif	2,9	2,8	3	2,9	3	2110
Matmut	2,8	2,7	3	2,8	2,9	1137
Gmf	2,8	2,6	3	2,7	3	1561
Direct Assurance	2,8	2,5	3,1	2,5	2,7	5132
Generali	2,7	2,8	2,7	3,1	3,2	457
Maaf	2,7	2,5	2,9	2,7	2,9	1955
Mma	2,7	2,6	2,8	2,8	2,9	977

www.opinion-assurances.fr

Source 4

Détail de la note et satisfaction de Asmacif17000

813 lectures

mardi 28 avril 2020 à 11:48

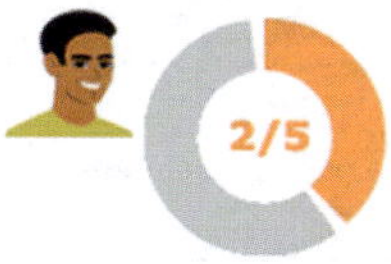

Niveau des prix	★★★☆☆	Assez bonne
Qualité du service client	★☆☆☆☆	Mauvaise
Qualité des garanties	★★★☆☆	Assez bonne
Satisfaction	★☆☆☆☆	Mauvaise

Bonjour, Je vous adresse cet e-mail pour exprimer mon fort mécontentement. En effet après plusieurs échanges avec vos services et les servies IMH concernant le sinistre habitation survenu en 10/2019!! Votre conseillère IMH m'a indiqué que vous alliez me verser une somme de 1750€ correspondant au devis fourni par l'artisan que j'ai choisi pour faire les travaux. En effet après plusieurs mois De retard et de négociations ils s'est avéré que votre entreprise partenaire ne peut pas faire les travaux en intégralité. J'ai reçu un virement de votre part d'un montant de 1213€ !! Je trouve que votre gestion est lente et inadmissible en plus de mensonges répétés. Je demande au nom de la loi informatique et liberté l'intégralité de mon dossier et les notes qui y sont inscrites ainsi que les enregistrements téléphoniques avec vos services et ceux d'intermutuelle habitat. Le dernier date du 22/04/2020 où votre conseillère IMH m'a indiqué le virement sous 4 jours de la somme de 1750€. Je vous précise également que l'ensemble de mes contrats : habitation + deux voiture et l'assurance de prêt immobilier seront résilié si vous ne me verser la somme convenu. Par avance merci pour le traitement Cordialement.

www.opinion-assurances.fr

Source 5

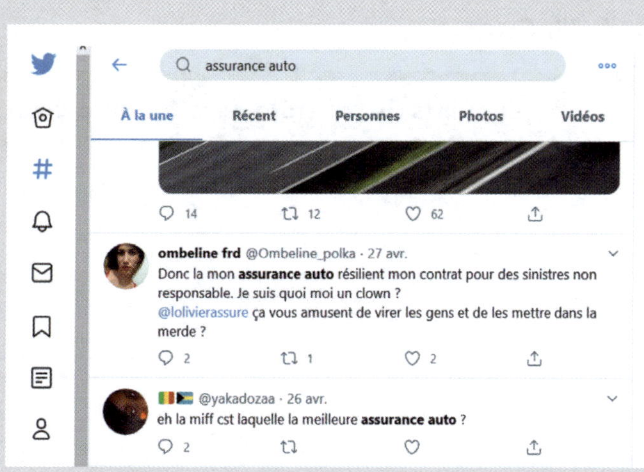

Twitter

Document 13 Réclamation de M. RICHARD

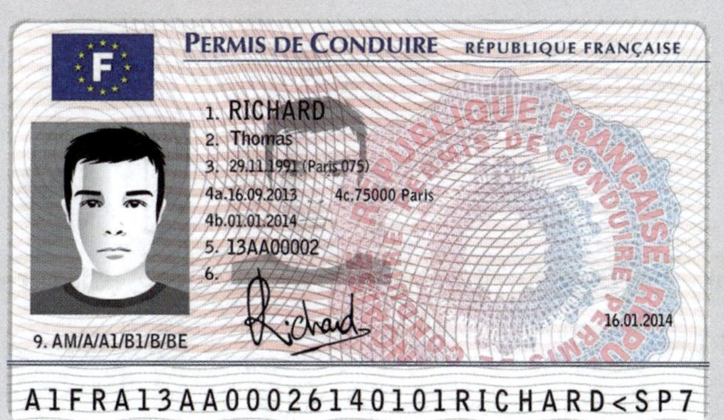

Bonjour,
Je viens pour déclarer un sinistre sur mon véhicule.
J'ai retrouvé ma voiture brûlée.
Que dois-je faire ?

Votre tâche

1. Expliquez l'intérêt de contrôler une information sur Internet ou sur les réseaux sociaux.

....

....

2. Énumérez les moyens à utiliser pour contrôler l'information sur les réseaux sociaux.

....

....

3. Expliquez l'intérêt de recouper l'information.

....

....

4. Contrôlez la source et la fiabilité de l'information selon les situations rencontrées. Dites si selon vous, l'avis est fiable ou non. Complétez l'**annexe 4**.

5. Traitez la réclamation du client. Nous sommes le 2 mai. Renseignez les informations sur le logiciel de partage des données clients et enregistrez le sinistre. Complétez l'**annexe 5**.

Annexe 4 Contrôle de l'information

Information n°	Sources	Éléments de contrôle de la fiabilité de la source	Fiabilité de la source
1			☐ Oui ☐ Non
2			☐ Oui ☐ Non
3			☐ Oui ☐ Non
4			☐ Oui ☐ Non
5			☐ Oui ☐ Non

Annexe 5 Le logiciel de partage des données clients de l'agence

SINISTRES

Types	Référence	Date	Statut	Client	Description	Suivi de dossier	Clôture
Immobilier	0031	29/04	En cours	Mme MARTIN	Incendie chez le client	Réception courrier + rapport préliminaire	
Automobile	0032	29/04	En cours	Mme RIBO	Porte forcée Vol de bien	Rapport d'expertise	

TRAVAUX PRATIQUES 4 Éden d'Orient

SITUATION

Vous êtes en PFMP chez Éden d'Orient situé à Pontoise (95).
Ce centre de soin à l'ambiance orientale propose un accueil chaleureux, promet un dépaysement total : hammam, sauna, bain, soin sont offerts dans le plus pur esprit de la tradition et la culture orientale.
Vous êtes sous la responsabilité de Mme SELLIER, responsable clientèle.

PROBLÉMATIQUE

Comment accueillir la clientèle dans un cadre agréable et serein ?
Comment gérer l'information recueillie auprès de la clientèle en vue de l'amélioration de la qualité du service au sein du centre de soin ?
Comment satisfaire la clientèle et recueillir les réclamations de la clientèle ?

MISSIONS

Votre responsable vous confie les missions suivantes :
- Gérer l'information recueillie auprès de la clientèle afin d'accueillir dans un cadre agréable.
- Traiter la réclamation et contribuer à la satisfaction de la clientèle.

Mission 1 Gérer l'information recueillie auprès de la clientèle afin d'accueillir dans un cadre agréable

Votre responsable souhaite diffuser une musique d'ambiance dans l'espace d'accueil et de détente de son centre de soin. Vous avez collecté des informations concernant la diffusion de musique.

Prenez connaissance des **documents 1** à **3**, de l'**annexe 1**, puis effectuez la tâche demandée.

Document 1 Informations récoltées

INFORMATION 1 : Moteur de recherche : résultat de la recherche

musique d'ambiance |

- musique d'ambiance **salle d'attente** — Supprimer
- musique d'ambiance **libre de droit**
- musique d'ambiance **youtube**
- musique d'ambiance **zen**
- musique d'ambiance **douce**
- musique d'ambiance **gratuite**
- musique d'ambiance **2020**
- musique d'ambiance **qui bouge**
- musique d'ambiance **piano**
- musique d'ambiance **pour travailler**

Signaler des prédictions inappropriées
En savoir plus

INFORMATION 2 : La Sacem

La Sacem, Société des auteurs, compositeurs et éditeurs de musique

Vous souhaitez diffuser de la musique ou des programmes audiovisuels dans votre centre de soins corporels (sauna, solarium, bains, massages, rééducation…) : ils vous permettent d'accueillir vos clients dans une ambiance conviviale et détendue.
- La Sacem vous délivre l'autorisation de diffuser le plus vaste répertoire au monde (français et international) dans le respect du droit d'auteur (Code de la propriété intellectuelle).
- Les droits d'auteur que vous payez sont ensuite répartis entre les créateurs et les éditeurs, rémunérant ainsi leur travail.

- La diffusion de musique dans un lieu public via un support enregistré (vinyles, CD, radio, fichiers numériques, TV…) est assujettie à des droits complémentaires : la rémunération équitable gérée par la Spré.
- La Spré, Société pour la perception de la rémunération équitable, a mandaté la Sacem pour collecter la rémunération équitable auprès des lieux sonorisés et des organisateurs d'événements occasionnels. Pour en savoir plus : www.spre.fr.
- Cette rémunération est ensuite répartie entre les artistes-interprètes et les producteurs de musique.

Validité 2020

Forfait annuel en euros HT		
Nombre de praticiens	**Tarif général**	**Tarif réduit**
De 1 à 2	118,92	95,14
De 3 à 5	225,46	180,37
Plus de 5	338,48	270,78

www.sacem.fr

INFORMATION 3 : Commentaires sur le blog de Georges

Pour rendre plus agréables les délais d'attente, de nombreux professionnels diffusent de la musique au sein de leur cabinet. Que vous soyez avocat, architecte, professionnel médical ou paramédical, **la musique que vous diffusez est soumise à des droits d'auteur et au paiement d'une redevance**. Montants, organisations de gestion, délais, nous vous expliquons tout pour rester dans la légalité !

Commentaires

6 février à 10 h 58 min

Lemé Rachel Bonjour il me semble que pour ne pas payer cette sacem et spre nous pouvons diffuser de la musique classique tres ancienne Qu'en est-il exactement? .Merci de votre reponse

Répondre

6 février à 17 h 03 min

Valentine Fléhoc Bonjour Rachel,
Même en diffusant de la musique classique très ancienne, la Sacem pourra vous demander de payer les droits. En effet, même si le morceau de musique classique est ancien, il est forcément joué par un orchestre et édité par une maison d'édition, qu'il faudra rémunérer.

Répondre

INFORMATION 4 : Extrait des résultats de l'enquête de satisfaction des clientes année N-3

Êtes-vous satisfait de l'ambiance dans la salle d'attente ?

Niveau de satisfaction	☹	😐	🙂	😃
Résultat	27	36	20	17

INFORMATION 5 : Extrait du tableau de bord du centre de soin (fréquentation de la clientèle sur un trimestre)

Fréquentation

Mois	**Mars**	**Avril**	**Mai**
Taux d'évolution N-1	+ 1,5 %	– 5 %	– 3,4 %

INFORMATION 6 : Engagement qualité de Éden (label spas de France)

Engagement n° 2 : Le décor et le confort du centre

- Les centres labellisés bénéficient d'une décoration raffinée où le bon goût est le maître mot, permettant l'évasion et le voyage.
- Les matériaux nobles et naturels sont privilégiés, en harmonie avec l'esprit « SPA », ainsi qu'avec les quatre éléments de la vie : Terre, Eau, Air et Feu.
- Les centres labellisés disposent un environnement calme et empreint de sérénité.
- Les protocoles de soins doivent prévoir une stimulation cohérente de tous les sens (vue = décoration des cabines et des espaces communs, odorat = diffusion de senteurs, ouïe = musique d'ambiance relaxante, goût = dégustation de thé, de tisane ou de jus de fruits), facilitant la relaxation et le lâcher prise du client.

www.spasdefrance.fr

INFORMATION 7 : Offre de prestation de sonorisation de l'entreprise BIOSPHERE

Notre offre sonorisation comprend 40 albums, soit 35 heures de musique d'ambiance à diffuser dans votre **point de vente, salle d'attente, centre de bien-être, d'esthétique…**

Les avantages :

– Les morceaux ont été choisis pour créer une ambiance zen et harmonieuse en continu.

– Un coût unique : **350 € HT**.

– Notre tarif inclut **une attestation** de droits de diffusion, de sorte que vous ne serez plus redevable de cotisation du type SABAM/SACEM/SUISA/SOCAN.

www.biosphere.com

INFORMATION 8 : Cinq conseils pour aménager votre salle d'attente

Pensez confidentialité

Vos patients ont besoin **de tranquillité** et **de confidentialité**. Séparez, si possible, l'espace d'accueil de la salle d'attente et veillez surtout à ce que la salle d'examen soit **bien isolée et insonorisée**. C'est indispensable pour rassurer le patient et garantir le secret médical.

Pensez confort

La salle d'attente est un espace de vie et, parfois, de stress. La meilleure réponse ? Une décoration personnalisée, chaleureuse, harmonieuse et conviviale afin de **mettre vos patients en confiance**.

Pensez propreté

L'espace et le mobilier de la salle d'attente doivent être accueillants et **facilement nettoyables**, pour garantir un espace visiblement « sain » à vos patients.

Pensez information

Pensez à renouveler chaque semaine les publications que vous mettez à disposition de vos patients. Préférez **les magazines** et pensez à sensibiliser vos patients aux **enjeux de santé** avec des plaquettes de prévention (vaccination, alimentation, activité physique, hygiène de vie, etc.)

Pensez « salle vide »

Évitez l'attente. **Minimiser le temps « perdu »** est un objectif primordial qui peut passer par **des solutions numériques**, notamment la prise de rendez-vous en ligne et les SMS d'alerte. Un bon moyen de réduire les oublis de vos patients et de les informer de vos retards. Donnez à vos patients une estimation de leur temps d'attente en minutes ou en nombre de personnes les précédant.

www.generali.fr

Document 2 Les sources d'information

Les sources internes	Les sources externes
– **Les documents internes :** tableaux de bord, documents de gestion, procédure interne, compte rendus, études, rapports et bilans… – **Les fichiers :** prospect, clients, fournisseurs… – **Le traitement des demandes externes :** courriers et courriels reçus, interrogation du site Web de l'entreprise… – **Les personnels :** commerciaux, gestionnaires, responsables, etc.	– **Les clients** (leurs attentes, leurs réclamations…). – **Les concurrents** : sites, plaquettes publicitaires, communiqués de presse. – **Internet :** site des concurrents, fournisseurs, forums et blogs (avis d'experts, de consommateurs…), bases de données, réseaux sociaux. – **Les fournisseurs d'information :** presse, centres de documentation. – **Les partenaires :** fournisseurs, sous-traitants, banques… – **Les institutions :** administrations, chambres des métiers, syndicats professionnels… – **Les réseaux personnels** : clubs, associations. – **Les manifestations** : salons, voyages…

Document 3 La qualité de l'information

La qualité de l'information repose sur trois points.

Fiabilité	Pertinence	Validité
• Identification claire de la source • Exactitude des données, des faits • « Fraîcheur » de l'information (date, récence)	• Utilité • Réponse à un besoin d'information	• Exacte et correcte • Crédible • Sérieux de l'information • Justesse

Votre tâche

Complétez l'**annexe 1**. Pour chaque information :
1. Effectuez un bref descriptif de la source.
2. Identifiez le type de source.
3. Contrôlez la qualité de la source.
4. Sélectionnez l'information (à retenir ou pas).
5. Repérez et déduisez les informations à recueillir afin d'amorcer une démarche de mise en place d'une ambiance sonore au sein du centre.

Annexe 1 Les sources d'information

Information	Descriptif de la source	Type de source Interne/externe	Qualité de l'information	À retenir Oui/non	Information complémentaire à recueillir
1					
2					
3					
4					
5					
6					
7					
8					

Mission 2 Traiter la réclamation et contribuer à la satisfaction de la clientèle

Vous accueillez une cliente fidèle. Traitez sa demande.

Prenez connaissance des **documents 4** et **5**, puis effectuez la tâche demandée.

Document 4 Propos de Mme DELORME Sophie

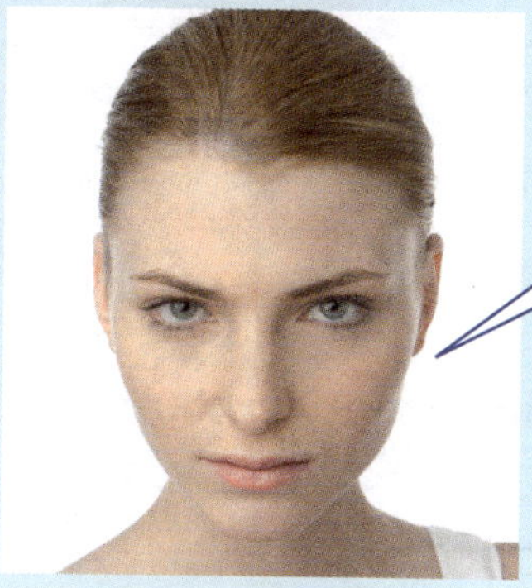

Je viens de relire la facture. Je ne comprends pas pourquoi je paie encore au prix fort les séances de soin.
Je suis cliente chez vous depuis des années.
J'aurais dû avoir la réduction commerciale que vous offrez aux clients VIP.
Les coordonnées sont exactes, je n'ai pas changé d'adresse. J'habite bien le 15 rue Thiers à Pontoise !
C'est toujours le même problème depuis que j'ai changé de formule d'abonnement, pour me sentir bien lors de mon mariage.
Il doit y avoir une erreur quelque part !

Document 5 Extrait de la base de données clients

Nom	Prénom	Adresse postale	Adresse électronique	Téléphone	VIP
BENATHEM	Fatima	4 rue de l'Embellie 95000 Cergy	bernatemf@yahoo.fr	01 32 36 38 20	Non
CARTE	Alice	6 Rue des Bleuets 95300 Pontoise	alicecarte@voila.fr	06 79 86 14 23	Oui
DELORME	Sophie	15 rue Thiers 95300 Pontoise	sosophie@gmail.com	06 44 86 14 23	Non
DEUNOT	Lydie	2 rue de la Harpe 95800 Cergy	deunotl@hotmail.fr	01 34 42 34 23	Oui
DIALLO	Koumba	45 avenue du Nord 95000 Cergy	dialloko@hotmail.com	06 12 34 23 12	Non
ENRI	Sophie	15 rue Thiers 95300 Pontoise	sosophie@gmail.com	06 44 86 14	Oui
KAVISKI	Monika	6 av. de la Constellation 95800 Cergy	viski@yahoo.com	01 36 69 11 22	Non

Votre tâche

Consultez la base de données.

1. Traitez la réclamation de la cliente. Justifiez votre réponse.

....

....

....

....

....

2. Indiquez en conséquence les tâches à effectuer.

....

....

SYNTHÈSE 4

GÉRER LES INFORMATIONS

1. Définition

L'information : ……………………………………………………………………………………………

………

2. La gestion et la circulation de l'information

La gestion de l'information :

……………………………………………………………

……………………………………………………………

……………………………………………………………

……………………………………………………………

……………………………………………………………

La circulation de l'information dans l'entreprise :

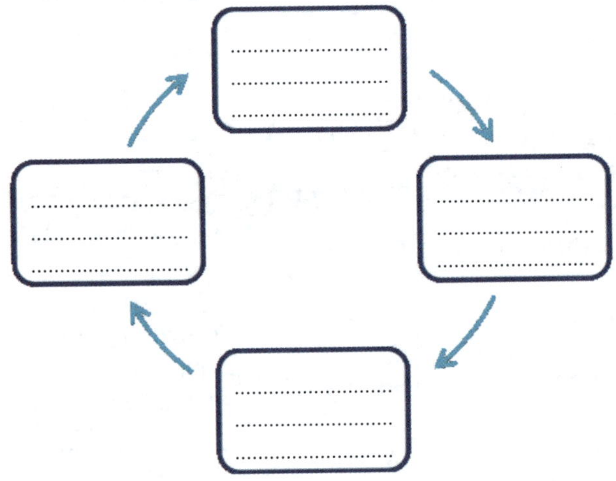

Contrôler l'information : …………………………………………………………………………………

………

Contrôler l'information sur les réseaux sociaux : ………………………………………………………

………

La qualité de l'information. Elle repose sur trois points :

……………………	……………………	……………………
…………………… …………………… ……………………	…………………… …………………… ……………………	…………………… …………………… ……………………

3. Les outils de gestion de l'information

L'environnement de travail numérique : ……………………………………………………………………

………

Les outils de l'environnement numérique : …………………………………………………………………

………

SITUATION 5

Athéna Services

Vous effectuez une période de formation en milieu professionnel au sein d'Athéna Services situé à Paris (75).
Cette multinationale implantée dans différents pays : Luxembourg, Suisse, Belgique et Maroc, est spécialisée dans les prestations de services et d'ingénierie auprès des professionnels.
Chaque collaborateurs assure un rôle de gestionnaire de services externalisés et met tout en œuvre pour contribuer à la satisfaction de son client.
C'est pourquoi, votre responsable souhaite proposer des prestations qui répondent aux besoins singuliers de chaque client.

PROBLÉMATIQUE

Comment gérer simultanément des prestations internes et externes ? Comment assurer le suivi d'une prestation ? Comment mesurer la qualité d'une prestation ?

MISSIONS

Vous êtes agent d'accueil polyvalent, et votre responsable Mme BOUKAN, vous confie les missions suivantes :

- Appréhender l'offre de l'organisation.
- Traiter et formaliser une demande de prestation.
- Organiser la prestation en interne.
- Assurer la prestation.
- Mesurer la qualité de la prestation et proposer d'éventuelles améliorations.

Bloc de compétences 1 Gérer l'accueil multicanal à des fins d'information, d'orientation et de conseil	Bloc de compétences 2 Gérer l'information et des prestations à des fins organisationnelles	Bloc de compétences 3 Gérer la relation commerciale
1.1 Gérer simultanément les activités • Recenser et prioriser les activités • Organiser ses activités en coordination avec l'équipe **1.2 Prendre contact avec le public** • Identifier le public et repérer ses caractéristiques • Recevoir le visiteur **1.4 Traiter la demande** • Identifier et mobiliser les ressources utiles • Apporter une réponse adaptée • Construire une réponse personnalisée en termes d'orientation, d'information, de conseils et d'accompagnement	**2.2 Gérer des prestations internes et externes** • Identifier les prestations inhérentes aux activités d'accueil • Formaliser une demande et/ou une offre de prestations • Assurer le suivi d'une prestation • Mesurer la qualité des prestations et proposer d'éventuelles améliorations	**3.1 Contribuer au développement de la relation commerciale** • Repérer les caractéristiques du public • Appréhender l'offre de l'organisation **3.2 Satisfaire et fidéliser le public** • Co-construire avec le public la solution adaptée à ses besoins

Mission 1 Appréhender l'offre de l'organisation

Votre responsable vous explique qu'il est important de connaître les services qui sont offerts par l'entreprise afin de pouvoir les proposer aux clients ou aux prospects qui vous contactent.

Prenez connaissance du **document 1**, de l'**annexe 1**, puis effectuez la tâche demandée.

Document 1 L'offre de services d'Athéna Services

Athéna propreté

Rendre les espaces de travail, de passage, de loisir, de production, de transport…, propres, sains et agréables est notre objectif principal !

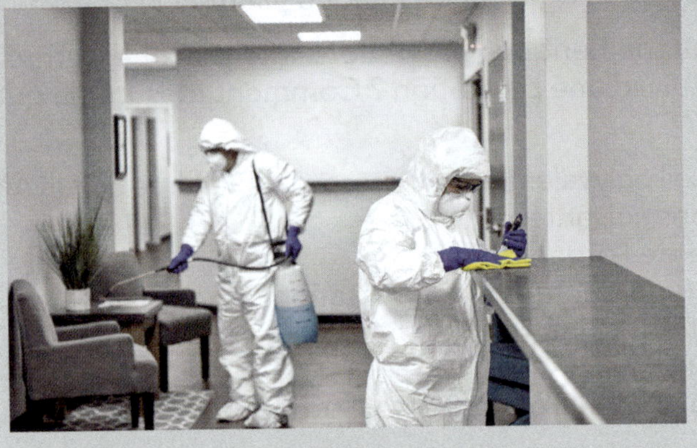

Propreté

Classique : bureaux, administrations, surfaces commerciales, zones publiques, réseaux de boutiques ou agences…

Spécialisée : milieux sensibles, process industriels, transports, opérations événementielles, hygiène 3D.

Gestion des déchets

Pilotage et reporting de la chaîne de gestion des déchets.

Tri et collecte sélective à la source.

Nos métiers :

- Propreté.
- Services associés.
- Gestion des déchets.

Athéna services airport

Une réponse opérationnelle et innovante aux attentes des gestionnaires d'aéroports et des compagnies aériennes.

Son expérience est reconnue dans l'assistance piste des avions passagers et cargo, et dans la gestion des flux logistiques sur les hubs de correspondance.

Chaque client est unique. Nos équipes sont flexibles et s'adaptent aux procédures des compagnies aériennes clientes.

Athéna services airport contribue également au développement et à l'attractivité des aéroports. Les organisations sont agiles, évolutives, adaptives et anticipent continuellement les situations à venir.

Nos métiers de services aéroportuaires :

- Aviation générale.
- Full Handling.
- Cargo & Transport.

Athéna sécurité

Des solutions de sécurité

La proposition de valeur dans la sécurité se fonde sur :

- Son expertise sécurité et sa capacité à analyser les besoins et risques propres à ses clients.
- Sa parfaite maîtrise des solutions humaines et électroniques de l'ingénierie à l'exploitation, jusqu'au pilotage.

Le savoir-faire et l'expérience nous permettent de répondre aux exigences les plus strictes de nos clients sur les niveaux de sûreté et sécurité requis pour chaque typologie de site (tertiaire, ERP, SEVESO, événementiel…).

Elles sont le gage de la solide réputation de fiabilité et honnêteté de notre entreprise.

Nos métiers :

- Sécurité humaine.
- Sécurité électronique.
- Télé(vidéo)surveillance.
- Vidéo protection.
- Audit & Conseil.

Athéna accueil

Une autre vision de l'accueil

Athéna services a développé une approche spécifique de son métier.

Trois convictions émanent de ce constat :

L'accueil doit être une expérience agréable mais surtout utile.

L'accueil doit faciliter les relations et créer des connexions efficaces et efficientes entre les différents secteurs.

L'accueil est un appui opérationnel aux fonctions supports de l'entreprise et concourt à un meilleur fonctionnement du site.
Athéna accueil offre des prestations qui ont une réelle utilité opérationnelle et qui créent des connexions intelligentes entre les différents acteurs et le lieu.

Nos métiers de l'accueil :
- Accueil en entreprise.
- Accueil événementiel.
- Animation In & Out Store.
- Accueil & Accompagnement de Personnes en Situation de Handicap ou à Mobilité réduite (PSHMR).

Votre tâche

1. Situez l'offre de l'organisation sur son marché.

....

....

2. Complétez l'**annexe 1**. Énumérez :
   a) Les différents segments de services qui constituent l'offre de l'organisation.
   b) Les différents sous-segments de services.
   c) Les différentes catégories de client à qui s'adresse l'offre de cette organisation (donnez des exemples).

Annexe 1 Analyse des segments de services

Segments de services				
Sous-segments				
Exemples de clients				

Mission 2 Traiter et formaliser une demande de prestation

Nous sommes le 26 avril 202N. Votre responsable vous demande de traiter les besoins de prestation et de formaliser l'offre. Il insiste sur le fait d'être vigilant afin de cibler correctement la demande et de proposer une solution adaptée.

Prenez connaissance des **documents 2** à **4**, des **annexes 2** et **3**, puis effectuez la tâche demandée.

Document 2 Grille tarifaire Athéna accueil

Le service accueil avec hôtes et hôtesses

Nous pouvons gérer l'accueil de vos congressistes avec des hôtesses dédiées en charge de l'émargement, la remise de pochettes ou de documents ou bien encore du vestiaire.

– 1 service hôtesse/accueil 1/2 journée : 156 € HT. Comprend 1 hôtesse en tailleur (jupe et veste noires) pendant 5 h.

– 1 service hôtesse/accueil journée : 342 € HT. Comprend 1 hôtesse en tailleur (jupe et veste noires) pendant 11 h.

– 1 service hôtesse/accueil en soirée : 198 € HT. Comprend 1 hôtesse en tailleur (jupe et veste noires) pendant 5 h en soirée.

Les badges

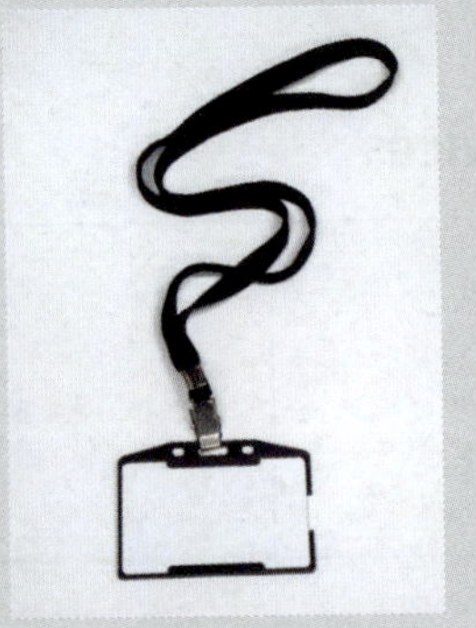

Édition des badges :

– Fabrication de badges personnalisés et nominatifs au format 8,5 cm x 5,5 cm (CR 80) sur PVC.
– Épaisseur 76 microns en impression quadri avec logo.
– Fourniture d'un BAT pour la maquette.
– Attache par pinces ou cordon cou.
– Insertion de photos sur demande (fourniture fichiers jpeg, gif… par le client).
– Badges réalisés en amont et remis à votre arrivée, présentés sur plateau et classés par ordre alphabétique.
– Établissement d'une liste de pointage.

Tarif : 4,30 € HT/badge.

Édition de badges en instantané :

– Même descriptif que précédemment. Les photos sont prises en instantané à l'arrivée du client et les badges édités au fur et à mesure.
– Installation d'un poste de saisie avec caméra pour photo, comprend le matériel et logiciel nécessaires à l'édition des badges.
– Hôtesses/hôtes de saisie et distribution.
– Contrôle d'édition des badges selon un listing de préinscription fourni par le client.
– Édition et distribution de badge en instantané.
– Remise de listing de distribution en fin de session.
– Tarif : 936 € HT ½ journée /poste ou 1 092 € HT/jour/poste.

Le transport

Athéna accueil vous propose de gérer vos transferts. Afin d'organiser des navettes (entre la gare, l'aéroport, les sites et les hôtels), il est possible de privatiser des minibus (15 places). Cette prestation comprend :

– un trajet (aller-retour) ;
– un minibus avec wifi à bord ;
– un chauffeur privé ;
– des collations durant le trajet.

Tarifs hors dimanches et jours fériés : à partir de 93 € HT pour un minibus.

Document 3 Prestataires partenaires : salle de réunion et de conférence

Pentahôtel Paris CDG Airport
64 € HT/personne

Mercure Paris CDG Airport
67 € HT/personne

Inside by Melle Charles de Gaulle
72 € HT/personne

Crowne Plaza Paris Charles de Gaulle
82 € HT/personne

**Tous les prestataires incluent dans le prix un plateau repas et une collation par personne.*
**Tous les prestataires incluent du matériel (vidéoprojecteur, ordinateur, micro), wifi et branchements électriques.*

Document 4 Demande de devis : prestation d'accueil

Pour toutes demandes concernant nos prestations d'accueil, nous vous remercions de remplir ce formulaire.
Nous vous recontacterons dans les meilleurs délais.
*** : indique un champ obligatoire**

Nom*	RAVIÈRE
Prénom*	Samuel
Téléphone*	01 42 96 56 30
Adresse mail	samuel.raviere@pointel.fr
Adresse*	75 rue des Loges
Code postal*	95110
Ville*	SANNOIS
Société*	POINTEL
Fonction	Directeur adjoint
Demande*	Madame, Monsieur, Je me permets de vous solliciter dans le cadre de l'organisation du séminaire annuel des « Directeurs commerciaux Europe et Maghreb ». Afin de l'organiser dans les meilleures conditions, nous souhaitons disposer d'une salle de réunion, le mardi 9 juin 202N de 9 h à 19 h, d'une capacité de 30 personnes sur Roissy, près de l'aéroport CDG. Je souhaiterais disposer de plusieurs services : • Service accueil (1 agent). • Badges (30). • Vestiaire. • Une navette (aéroport- salle- aéroport). Je dispose d'un budget de 3 000 €. Bien cordialement. M. RAVIÈRE
Soumettre	▲

Votre tâche

- Formalisez la demande de prestation M. RAVIÈRE.
  1. Rédigez le courriel de confirmation. Complétez l'**annexe 2**.
  2. Établissez le devis. Complétez l'**annexe 3**.

Annexe 2 Courriel de confirmation

De :	accueilservices@athena.com
À :	
Objet :	

Annexe 3 Devis

Désignation	Quantité	Prix unitaire	Montant
Information :		**Total HT**	
		TVA 20 %	
		Total TTC	

Mission 3 Organiser la prestation en interne

M. RAVIÈRE vous confirme la prestation. Vous vous chargez du planning des activités ainsi que des hôtes et hôtesses de l'agence qui se chargeront d'assurer cet événement.

Prenez connaissance des documents 5 et 6, de l'annexe 4, puis effectuez la tâche demandée.

Document 5 Définition de la planification ou gestion des plannings

La **planification des ressources humaines**, c'est la définition des besoins humains et matériels, puis l'organisation dans le temps et l'optimisation de ces ressources.
La planification RH est un facteur clé de succès pour les entreprises ou les organisations publiques. Une planification des ressources humaines efficace aide les organisations à atteindre leurs objectifs.
La **gestion des plannings dans une entreprise** est généralement prise en charge par le service RH ou par les managers opérationnels. Le planning est également un outil de management dans le temps pour anticiper les besoins et l'utilisation des ressources disponibles dans l'entreprise ou l'organisation.
Les salariés, pour plus d'autonomie, peuvent également agir sur leurs plannings depuis des portails collaborateurs mis à disposition par les logiciels RH. Cela leur permet aussi de communiquer avec leurs managers et service RH.

Quels sont les objectifs d'un planning ?

Le premier objectif d'un planning est de mettre en adéquation les ressources de l'entreprise avec ses objectifs de production, qu'il s'agisse de produire des biens (industrie, agroalimentaire, manufacturing, etc.) ou des services (services aux entreprises, aux particuliers, éducation, santé, administration, etc.). Un planning permet d'organiser le nombre de ressources et leur profil (compétence notamment).
La gestion des plannings est complémentaire à la gestion des temps qui permet d'assurer le contrôle des temps de travail. La gestion des temps vise à assurer le respect des dispositions légales en matière de temps de travail, de repos, d'emploi, de congés, etc. La gestion des plannings s'attache davantage à connaître les activités du salarié durant son temps de travail et à éviter les situations de sur-effectif ou sous-effectif.

Un bon planning répond à trois critères :

- Avoir la bonne personne : disposer de ressources qualifiées pour le poste à occuper.
- Au bon endroit : assurer que la personne est planifiée là où on a besoin d'elle (service, chaine de production, magasin, lieu d'intervention).
- Au bon moment : avoir le bon nombre de ressources lorsque l'entreprise en a besoin pour éviter les situations de sur ou sous-effectif.

www.asys.fr

Document 6 Planning des agents d'accueil – semaine du 8 au 13 juin 202N

Agents d'accueil	Lundi 8	Mardi 9	Mercredi 10	Jeudi 11	Vendredi 12	Samedi 13
Linda FAVE	Arrêt maladie			Prestation Mondor		
Mélina DOSE			Prestation Palais des congrès			
Cyril PALET	Congés					
Binta KEITA	Prestation Kalifrais			Prestation Mondor		

Votre tâche

1. Sélectionnez l'agent d'accueil disponible pour assurer l'événement de l'entreprise Pointel.

....

2. Rédigez le courriel d'information à l'agent d'accueil sélectionné afin de l'informer de la prestation, de récupérer sa tenue professionnelle, de venir récupérer et prendre connaissance de son ordre de mission. Complétez l'annexe 4.

Annexe 4 Accueil d'un des visiteurs

De :	accueilservices@athena.com
À :	
Objet :	

Mission 4 Assurer la prestation

L'entreprise a de nombreux atouts dans les métiers des services. Elle propose une ressource humaine professionnelle de l'accueil utile et connectée, véritable ambassadeur de l'entreprise partenaire. Pour garantir une satisfaction optimale du client, votre responsable vous demande de gérer la prestation de l'entreprise Pointel.

Prenez connaissance des **documents 7** et **8**, de l'**annexe 5**, puis effectuez la tâche demandée.

Document 7 Missions hôte et hôtesse en événementiel

Missions : La mission principale de l'hôtesse et de l'hôte d'accueil événementiel consiste à recevoir le visiteur, l'informer et l'orienter en fonction de l'objet de sa visite.

Responsabilités : L'hôte(sse) est responsable de la qualité de la prestation du service accueil fournie, et de la contribution à la promotion de l'image de marque de son groupe ainsi que celle de l'événement en cours.

Activités principales :

- Accueillir, renseigner, guider et faire patienter les visiteurs.
- Orienter le visiteur vers le bon interlocuteur de l'événement.
- Contribuer à la réalisation d'opération promotionnelle.
- Contrôler l'identité des visiteurs.
- Distribuer les badges, les laissez-passer.
- Faire signer les visiteurs sur la liste d'émargement digitale.
- Distribuer la documentation, les flyers, les brochures.

Compétences :

- Présentation irréprochable.
- Exerce une langue étrangère.
- Compétence relationnelle.
- Résistance physique.

Document 8 Les outils digitaux et services à proposer

Les principaux outils utilisés par l'hôtesse :

- Tablette.
- Badgeuse.
- Clé électronique.
- Lecteur optique de badge.
- Téléphone.
- Écran dynamique.
- Bornes de raccordement électrique.
- Toilettes, accessibles près de la salle.
- Café et petites viennoiseries offerts à l'entrée.

Votre tâche

- Assurez l'accueil des visiteurs qui se présentent à vous lors de cet événement. Complétez l'**annexe 5**.
  1. Rédigez les phrases d'accueil à prononcer lors de l'échange.
  2. Présentez l'attitude à adopter.
  3. Citez les outils à utiliser.

Annexe 5 Accueil d'un des visiteurs

Étape	Propos à tenir	Attitude à adopter	Outils utilisés
1. Un directeur commercial se présente à vous.			
2. Il s'agit de M. FISHER, directeur commercial de l'entreprise Pointel Suisse. Il souhaite entrer dans la salle de conférence.			
3. M. FISHER, vous explique qu'il a bien reçu en entreprise son invitation et le planning de la journée. Mais il a oublié d'apporter ce document.			
4. M. FISHER compte rejoindre la conférence.			
5. M. FISHER vous explique qu'il a besoin de prendre le temps de se rafraîchir et boire un café.			
6. M. FISHER souhaite utiliser son ordinateur dans la salle de conférence. Il souhaite savoir s'il y a des branchements suffisants et la wifi.			
7. M. FISHER vous remercie et rejoint la salle de conférence.			

Mission 5 Mesurer la qualité de la prestation et proposer d'éventuelles améliorations

La prestation une fois terminée fait l'objet d'un contrôle qualité. Aussi, votre responsable vous demande d'évaluer la qualité de la prestation auprès du client.

Prenez connaissance des **documents 9** à **11**, des **annexes 6** et **7**, puis effectuez la tâche demandée.

Document 9 Comment mesurer la qualité de service ?

La qualité de service est une question à laquelle la plupart des entreprises attachent une grande importance. En effet, elle devient un facteur décisif pour un client qui se propose de choisir une entreprise en vue de lui confier la réalisation d'un certain travail. Les clients s'attendent à être satisfaits des prestations qu'ils reçoivent. Ainsi, les entreprises diligentes auront une clientèle fidèle et un commerce florissant. Cependant, vous aurez des difficultés pour mesurer et améliorer votre qualité de service, si vos clients ne vous font pas part de leurs commentaires. Quelles solutions ?

1. Procédez à des enquêtes. Probablement, le moyen le plus simple d'obtenir un retour d'information, il consiste à demander aux clients de donner leurs avis. Vous pouvez y arriver très facilement, en leur proposant de répondre à une liste de questions pour commenter le service que vous leur avez rendu. Les enquêtes basées sur des questions à choix multiples sont particulièrement utiles aux entreprises, car les réponses à ces questions peuvent être quantifiées facilement. En effet, il sera simple de tirer des conclusions, si les résultats sont présentés sous la forme d'un graphique ou d'un nuage de points, etc.

2. Faites un suivi avec le service après-vente. Souvent, pour obtenir un retour d'information sur la qualité de service, les entreprises contactent leurs clients après la fin de la transaction. Généralement, ceci est réalisé en utilisant les coordonnées laissées par le client. Cette méthode a l'avantage de laisser au client le temps d'utiliser le produit, avant de formuler son avis.

3. Surveillez votre présence sur les médias sociaux. Aujourd'hui, le *bouche-à-oreille* n'englobe pas uniquement les conversations entre individus. Au cours de la dernière décennie et grâce au développement des médias sociaux, tout le monde peut exprimer ses idées sur Internet. Prenez au sérieux les commentaires en ligne que votre entreprise reçoit, car même si les normes des communications ne sont pas très élevées, les internautes restent sincères, étant donné qu'ils agissent sous le couvert d'un certain anonymat.

4. Encouragez le retour d'information. Les consommateurs sont des êtres humains qui ont leurs propres préoccupations, donc efforcez-vous de respecter leur temps et leurs efforts. Sachez que vous aurez plus de chances d'avoir un retour d'information, si vous encouragez vos consommateurs à faire des commentaires. Vous pouvez y arriver en payant les clients qui vous envoient leurs avis ou ceux qui acceptent de participer à des tests de convivialité. Si vous ne pouvez pas procéder ainsi, faites preuve d'imagination afin d'inciter vos clients à collaborer.

5. Montrez à vos clients que vous prenez leurs commentaires au sérieux. Posez-vous la question suivante : en tant que consommateur, à qui seriez-vous susceptible d'envoyer le rapport que vous avez soigneusement rédigé sur la qualité ? Les petites et les grandes entreprises utilisent un moyen très simple. Elles répondent aux commentaires et aux préoccupations de leurs clients par le biais des médias sociaux. Ainsi, leurs réponses peuvent être lues par les autres clients. Il est probable que vous ne serez pas en mesure de satisfaire tout le monde, mais, si vous répondez gracieusement et professionnellement à un commentaire acerbe par le biais des médias sociaux, vous pourrez retourner une mauvaise situation en votre faveur et même récupérer un client mécontent.

fr.wikihow.co

Document 10 Cinq étapes pour réaliser une enquête de satisfaction clients

1. Déterminer l'objectif de votre enquête de satisfaction clients	• Quel est l'objectif de votre questionnaire ? • Fixez-vous un objectif. Que cherchez-vous à savoir ?
2. Déterminer le canal d'administration de l'enquête	Avant de commencer à concevoir et rédiger le questionnaire, il est impératif que vous déterminiez le canal d'administration de l'enquête ; enquête en ligne ? (google docs, typeform, surveymonkey…) Sur bornes ? Téléphonique ? Sur tablette ? En libre-service ? Ou mise à disposition d'enquêteurs.
3. Rédiger le questionnaire	• Décomposez les différents thèmes de votre questionnaire. • Formulez et prévoyez 4 à 6 questions par thème. • Rédigez. Respectez quelques règles simples pour avoir le maximum de retour de la part des clients : – Les questions doivent porter sur un seul élément ou une seule idée. – Le questionnaire doit être court et synthétique. – Le questionnaire doit être structuré en parties thématiques pour gagner en lisibilité pour le répondant. – Il faut utiliser un vocabulaire simple, clair et précis pour limiter les biais d'interprétation. Un langage trop professionnel risque aussi de décourager le lecteur. – Il est important de rester neutre pour ne pas influencer les répondants.
4. Administrer votre questionnaire	• Administrez votre questionnaire. • Il est temps de le mettre en ligne et de le soumettre aux clients. • Laissez-leur le temps nécessaire pour le compléter, facilitez-leur la tâche. – Il est important de recueillir un nombre suffisant de réponses. Un nombre insuffisant ne permettra pas de tirer de bonnes conclusions sur le degré de satisfaction global de la clientèle, bien que cela puisse donner quelques pistes.
5. Traiter et analyser les résultats	• Effectuez le dépouillement de votre enquête. • Le recueil des réponses pourra permettre d'avoir une vue d'ensemble du niveau de satisfaction de votre clientèle sur tous les axes de votre questionnaire. • Interprétez les résultats et envisagez les pistes d'amélioration !

Document 11 Suggestion de M. RAVIÈRE

J'ai trouvé dommage que vous n'ayez pas proposé un agent de sécurité en plus de l'agent d'accueil qui devait s'occuper de contrôler les visiteurs et assurer ses missions, car mes collaborateurs se sont plaints de l'attente trop longue à leur arrivée.

Votre tâche

1. Complétez l'**annexe 6**.
a) Énumérez les différents outils de mesure de la qualité d'une prestation.
b) Rappelez l'intérêt de chaque outil.

2. Rédigez l'enquête de satisfaction qui sera envoyée à l'entreprise Pointel suite à l'événement. Complétez l'**annexe 7**.

3. Proposez des solutions d'amélioration en réponse à la suggestion de M. RAVIÈRE.

....

....

....

Annexe 6 Analyse des outils de mesure de la qualité d'une prestation

Outils de mesure de la qualité d'une prestation	Intérêt de l'outil

Annexe 7 Enquête de satisfaction

TRAVAUX PRATIQUES 5 Agence Vénus

SITUATION

Vénus est une agence d'hôtes et d'hôtesses, née il y a 12 ans, à Rambouillet (78). Cette agence a gravi de nombreuses marches et est devenue, au fil des années, un partenaire de référence en région Île-de-France.
À ce jour, plus de 300 clients font confiance à l'agence Vénus et ont confié l'accueil de leurs événements ou de leur entreprise avec un niveau de satisfaction très élevé.
L'expérience de ces années a permis à l'agence d'atteindre un niveau d'expertise et de conseil qui font aujourd'hui la différence sur un marché sans cesse plus concurrentiel.
Vous êtes hôtes et hôtesses d'accueil au sein de l'agence.

PROBLÉMATIQUE

Comment véhiculer une image positive de l'agence ?
Comment assurer la qualité des prestations internes ?

MISSIONS

Votre responsable vous confie les missions suivantes :
- Gérer les colis et courriers entrants.
- Gérer les courriers sortants et formaliser une demande de prestation interne.

Mission 1 Gérer les courriers entrants

Vous assurez la réception des colis et du courrier arrivé aujourd'hui. Nous sommes le 4 mai.

Prenez connaissance des **documents 1** à **3**, de l'**annexe 1**, puis effectuez la tâche demandée.

Document 1 Les colis et courriers reçus

OVP DISTRIBUTION
Bon de livraison
N° 58 712
OVP Distribution
39 rue Joseph Cugnot
ZA Vernusson Pierre Martine
49130 SAINTE-GEMMES-SUR-LOIRE

Mlle CALIER Sonia
2 rue de la Passerelle
92240 MALAKOFF

Dossier incomplet

VENUS
Direction des ressources humaines
Zone commerciale du Bel Air
78120 RAMBOUILLET

Objet : Candidature en qualité d'hôtesse d'accueil

sogemac habitat
Mme BLONDIOT
Service Ressources humaines
6 Rond-point Condamines
78000 VERSAILLES

VENUS
Zone commerciale du Bel Air
78100 RAMBOUILLET

Objet : Demande de documentation pour accueil en entreprise

orange

VENUS
Zone commerciale du Bel Air
78120 RAMBOUILLET

Objet : Facture n° 9234

îledeFrance

VENUS
Zone commerciale du Bel Air
78120 RAMBOUILLET

Objet : Préparation événement encart publicitaire dans le mensuel régional

ALTITUDE SIGNALÉTIQUE

VENUS
Zone commerciale du Bel Air
78120 RAMBOUILLET

Christiane DUMONT Venus
Zone commerciale du Bel Air
78120 RAMBOUILLET

NPAI

Antoine LAIVIER
Centre culturel Louis Jouvet
Rue G. Herrewyn
78270 BONNIÈRES-SUR-SEINE

Objet : Plaquette tarifaire concernant les supports de signalétique en événementiel

Viking

VENUS
Zone commerciale du Bel Air
78120 RAMBOUILLET

Confidentiel

Madame DORNELLE
VENUS
Zone commerciale du Bel Air
78120 RAMBOUILLET

Objet : Facture commande RES345

RECOMMANDÉ AVEC AVIS DE RÉCEPTION

Destinataire

Mme DORNELLE
VENUS
Zone commerciale du Bel Air
78120 RAMBOUILLET

Numéro de l'envoi : 1A 107 010 2911 8

Expéditeur

M. LEVEILLE
Préfecture des Yvelines
N° : 1 avenue de l'Europe
78000 VERSAILLES

Utiliser uniquement un STYLO À BILLE en appuyant fortement.

Pensez également à la Lettre recommandée en ligne.
Consultez www.laposte.fr/boutiqueducourrier

PREUVE DE DISTRIBUTION

Document 2 Les différents services de l'agence

Chaque service récupère son courrier pour le traiter dans la journée.

Les services	Le personnel et ses fonctions	Le courrier
La direction Assistance de direction	Directrice : Sonia DORNELLE Assistante de direction : Brigitte VINO	Courriers en direction de la directrice administratif : préfecture, service de police
Le service Technique	Chef de service : Corine MAILLET	Courriers relatifs aux contrats de maintenance, devis des professionnels dans la logistique, la signalétique, la réception, le stockage, la maintenance…
Le service des Ressources humaines	Chef de service : Pauline GONTRANT	Courriers relatifs à la gestion des ressources humaines : candidatures, contrats de travail, offres des agences d'intérim et du Pôle emploi, la formation
Le service Commercial	Chef de service : Marie VINSKI	Courriers relatifs aux contrats de prestation, aux ordres de mission des prestataires, de la documentation et des plaquettes commerciales des entreprises partenaires, du matériel relatif à l'animation, l'accueil sur stand, les tenues professionnelles…
Le service Administratif	Chef de service : Brigitte RAYMOND	Courriers relatifs à l'aspect administratif et aux services généraux de l'agence : réception de petites fournitures, demande de documentation, réception des plaquettes commerciales de l'agence.
Le service Comptable	Chef de service : Kamel BACHAR	Courriers relatifs à l'aspect financier et comptable de l'agence : commande passée, factures, banques…

Document 3 La procédure de réception des courriers

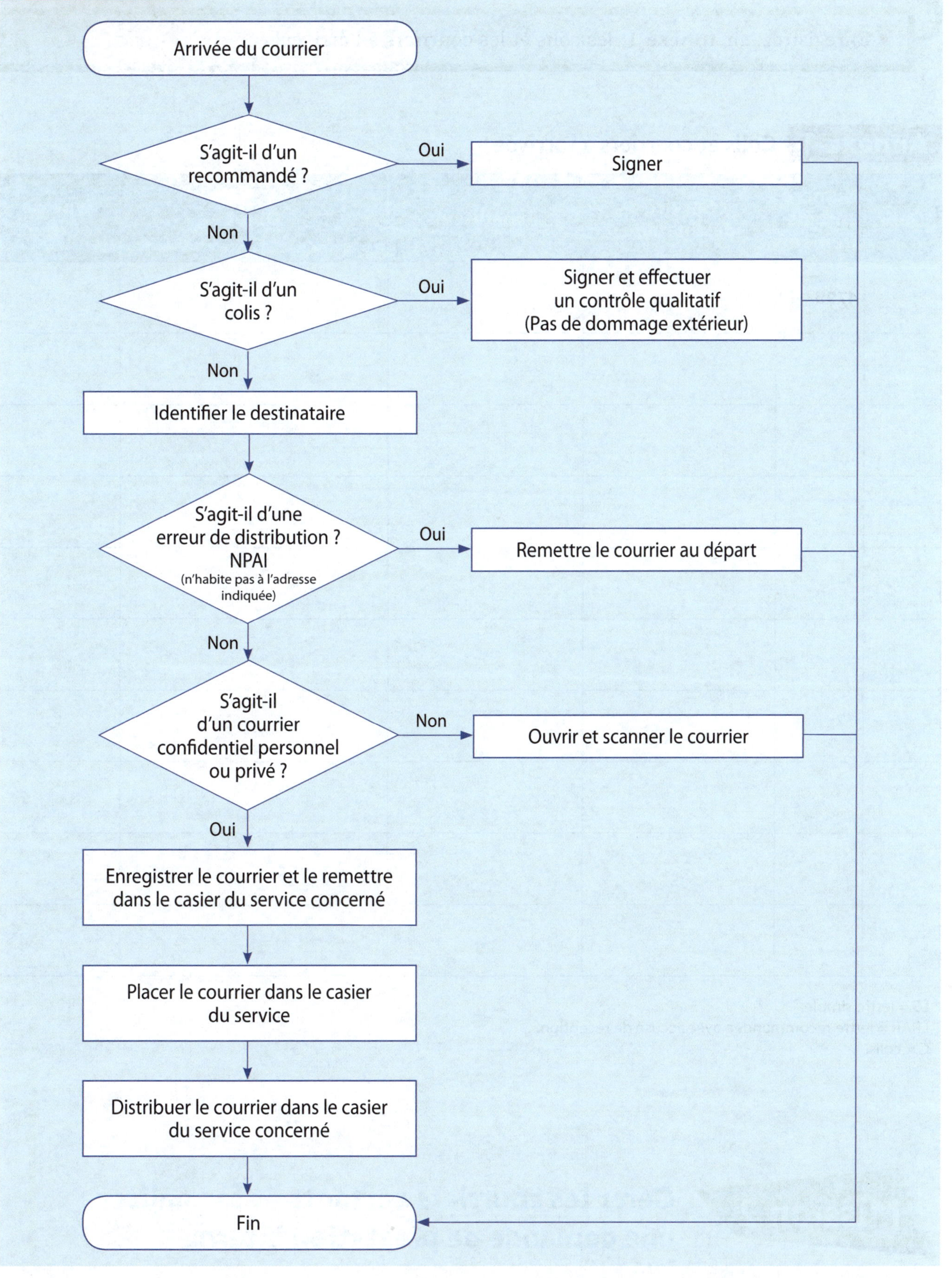

Votre tâche

- Enregistrez, en **annexe 1**, les colis et les courriers à l'arrivée.

Annexe 1 Colis et courriers à l'arrivée

Date	Numéro enregis-trement	Service destinataire	Expéditeur	Objet	Type de courrier*
	4798				

* LS = lettre simple.
LRAR = lettre recommandée avec accusé de réception.
C = colis.

Mission 2 Gérer les courriers sortants et formaliser une demande de prestation interne

Votre journée s'achève. Les différents services vous ont remis quelques courriers à mettre au départ. Nous sommes le 4 mai.

Prenez connaissance des **documents 4** et **5**, de l'**annexe 2**, puis effectuez la tâche demandée.

Document 4 Le courrier au départ à enregistrer et affranchir

Venus

M. Jean SURVIL
Directeur commercial
TENUE ET PRO
5 allée des Merveilles
92000 NANTERRE

Lettre suivi – Poids : 50 g
Observations : chèque paiement facture

Venus

Mme Anne SOULLIER
5 rue Camille St Seans
95000 CERGY

Lettre verte – Poids : 20 g
Observations : convocation à une formation

Venus

M. Dominique LENGLET
Société MAGIMIX
2 boulevard de l'Europe
BP 155
91000 ÉVRY

Lettre prioritaire – Poids : 230 g
Observations : contrat

LA POSTE
RECOMMANDÉ AVEC AVIS DE RÉCEPTION

Destinataire
Maître Julien LEVILER
Cabinet d'avocat
3 rue Saint-Sulpice
78000 VERSAILLES

Présenté / Avisé le : / /
Distribué le : / /
Je soussigné déclare être
☐ Le destinataire
☐ Le mandataire
☐ CNI/Permis de conduire
☐ Autre : ....
Date : Prix : CRBT :
Niveau de garantie (valeur au dos) : R1 ☐ R2 ☐ R3 ☐

Numéro de l'envoi : 1A 107 010 2911 8

Expéditeur
VENUS – Sonia DORNELLE
Zone commerciale du Bel Air
N°:
78120 RAMBOUILLET

Utiliser uniquement un STYLO À BILLE en appuyant fortement.
Pensez également à la **Lettre recommandée en ligne.**
Consultez www.laposte.fr/boutiqueducourrier
PREUVE DE DISTRIBUTION

Prioritaire
Poids : 300 g
Observations :
R2

Poids : 15 kg
panneau de signalétique

Parc des Expositions
du Bourget
Stand 678
134 avenue de la division
Leclerc
93350 LE BOURGET

Observations : URGENT doit partir au plus vite et arriver tôt demain matin par l'intermédiaire d'une société de messagerie transport, pour accueil en événementiel qui démarre demain après-midi.

Document 5 Les tarifs

Les tarifs postaux

Lettre :

Poids du recommandé	Lettre prioritaire	Lettre verte	Lettre écopli	Lettre suivie
< 20 g	1,16 €	0,97 €	0,95 €	1,42 €
21 à 100 g	2,32 €	1,94 €	1,90 €	2,39 €
101 à 250 g	4,64 €	3,88 €	3,80 €	4,33 €
251 à 500 g	6,96 €	5,82 €	–	6,27 €

Frais recommandé :

Poids du recommandé	Recommandation R1	Recommandation R2	Recommandation R3
< 20 g	4,30 €	5,05 €	6,20 €
21 à 50 g	4,85 €	5,60 €	6,70 €
51 à 100 g	5,50 €	6,20 €	7,30 €
101 à 250 g	6,70 €	7,45 €	8,60 €
251 à 500 g	7,85 €	8,55 €	9,60 €
501 à 1 000 g	9,00 €	9,75 €	10,85 €
1 001 à 2 000 g	10,70 €	11,40 €	12,60 €
2 001 à 3 000 g	11,93 €	12,63 €	13,78 €
Avis de réception	1,15 €	1,15 €	1,15 €

www.prixdutimbre.fr

Les tarifs des sociétés de messagerie (colis)

chronopost CHRONO 18	ENLÈVEMENT sur site	Lundi 04 Mai	1 jour >	Mardi 05 Mai	LIVRAISON à domicile Livraison garantie avant 18h00	JUSQU'À - 10% 29,49 € HT CHOISIR + d'infos
Nous expédions avec ups UPS STANDARD ®	ENLÈVEMENT sur site	Lundi 04 Mai	1 jour >	Mardi 05 Mai	LIVRAISON à domicile	JUSQU'À - 43% 33,11 € HT CHOISIR + d'infos
chronopost CHRONO 13	ENLÈVEMENT sur site	Lundi 04 Mai	1 jour >	Mardi 05 Mai	LIVRAISON à domicile Livraison garantie avant 13h00	JUSQU'À - 10% 39,29 € HT CHOISIR + d'infos
chronopost CHRONO 10	ENLÈVEMENT sur site	Lundi 04 Mai	1 jour >	Mardi 05 Mai	LIVRAISON à domicile Livraison garantie avant 10h00	JUSQU'À - 10% 49,64 € HT CHOISIR + d'infos
Nous expédions avec ups UPS EXPRESS ®	ENLÈVEMENT sur site	Lundi 04 Mai	1 jour >	Mardi 05 Mai	LIVRAISON à domicile Livraison garantie avant 12h00	JUSQU'À - 43% 53,20 € HT CHOISIR + d'infos
DHL EXPRESS DHL DOMESTIC EXPRESS	ENLÈVEMENT sur site	Lundi 04 Mai	1 jour >	Mardi 05 Mai	LIVRAISON à domicile	JUSQU'À - 70% 82,01 € HT CHOISIR + d'infos

www.mesenvois.fr

Votre tâche

- Complétez l'**annexe 2**.
  a) Affranchissez les colis et les courriers.
  b) Enregistrez les colis et les courriers au départ avant 16 h.

Annexe 2 Courriers au départ

Numéro	Service expéditeur	Destinataire	Objet	Type de courrier	Tarif
9889	Administratif	Sogemac habitat	Demande de documentation pour accueil en entreprise	Lettre simple	

SYNTHÈSE 5

GÉRER LES PRESTATIONS INTERNES ET EXTERNES

1. Les prestations internes et externes

L'hôtesse d'accueil véhicule une image positive de l'organisation en assurant la qualité des prestations internes ou externes inhérentes à l'accueil.

Les prestations

Internes	Externes

2. La chaîne documentaire

Le processus « achat » est jalonné de documents commerciaux :

Appréhender la demande co-construire une solution/ une offre de prestation	Offrir une prestation	Exécuter la prestation/Mettre à disposition/Livrer	Facturer

....	....	....	....

3. Assurer le suivi d'une prestation

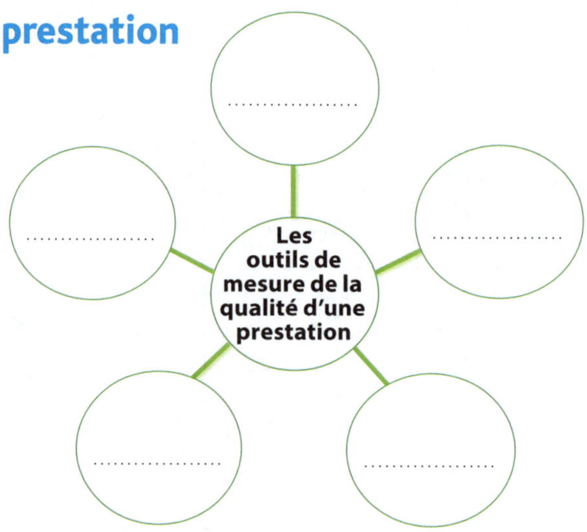

SITUATION 6 Clinique du Parc

Vous effectuez une période de formation en milieu professionnel au sein de la clinique du Parc située à Bayonne (64).
La clinique du Parc est un établissement privé d'offre de soins. Près de 450 collaborateurs dont 75 médecins travaillent 24h/24 et 7j/7, et accueillent 20 000 patients par an.
Malgré un effort constant de la part du personnel et suite à une enquête de satisfaction évaluant ses pratiques, la majorité des patients de la clinique déplorent la qualité de la prise en charge.
Par conséquent, la direction de la clinique a décidé de mettre en place une démarche de qualité. Aussi, dans le cadre de l'amélioration du « parcours patient », la clinique souhaite mieux orienter et prendre en charge ce dernier durant son séjour et/ou durant son rendez-vous médical.

PROBLÉMATIQUE

Comment appréhender les enjeux du projet d'amélioration du « parcours patient » ? Comment réaliser et coordonner ce projet d'amélioration de l'accueil ? Comment mesurer la qualité de ce projet ?

MISSIONS

Vous êtes agent d'accueil hospitalier, et votre responsable Mme DULY, vous confie les missions suivantes :

- Appréhender les enjeux du projet.
- Appréhender les enjeux du projet dans le cadre de l'accueil des patients.
- Participer à la réalisation et à la coordination du projet.
- Analyser la qualité de la contribution et transmettre les résultats au porteur du projet.

Bloc de compétences 1 Gérer l'accueil multicanal à des fins d'information, d'orientation et de conseil	Bloc de compétences 2 Gérer l'information et des prestations à des fins organisationnelles	Bloc de compétences 3 Gérer la relation commerciale
1.1 Gérer simultanément les activités • Recenser et prioriser les activités • Organiser ses activités en coordination avec l'équipe	**2.3 Contribuer à la mise en œuvre d'un projet lié à l'accueil** • Appréhender les enjeux du projet • Participer à la réalisation et à la coordination du projet • Analyser la qualité de la contribution et transmettre les résultat au porteur du projet	**3.2 Satisfaire et fidéliser le public** • Contribuer à la satisfaction et à la fidélisation • Collecter et identifier les motifs de satisfaction et d'insatisfaction

Mission 1 Appréhender les enjeux du projet

Votre responsable vous explique l'enjeu de ce projet : améliorer l'accueil du patient. Il en va de la réputation et de la pérennité de la clinique. C'est pourquoi, elle vous initie d'abord à la gestion de projet.

Prenez connaissance des **documents 1** et **2**, de l'**annexe 1**, puis effectuez la tâche demandée.

Document 1 Qu'est-ce qu'un projet ?

Selon le *Project Management Institute*, un projet est une **activité temporaire ayant une date de début et de fin**. Prenez, par exemple, le développement d'un nouveau site web ou la construction d'une nouvelle maison à partir de zéro.

Chaque projet est composé d'une **série de tâches** qui ont en définitive un seul et même objectif. Celles-ci sont soumises à des **conditions**, notamment de temps, de personnes et de ressources dont vous avez besoin pour réaliser le projet. Les projets peuvent être gérés manuellement ou à l'aide d'un logiciel de gestion de projet.

En règle générale, un projet comprend cinq phases :

1. lancement,
2. planification,
3. exécution,
4. surveillance,
5. clôture.

Chaque phase est composée de tâches spécifiques qui vous permettent d'atteindre les objectifs relatifs à votre projet.

La gestion de projet est l'art de gérer un ou plusieurs projets. La gestion de projet est une démarche visant à **organiser** de bout en bout le bon déroulement d'un projet, objet d'un contrat, etc. C'est tout l'opérationnel et la tactique qui font qu'un projet aboutit dans un triangle représentant l'équilibre **qualité-coût-délai** (QCD).

Tout d'abord, vous devez planifier les phases d'avancement du projet et définir des objectifs stratégiques avec les parties prenantes. Ensuite, vous exécutez le plan, en gérant les ressources (matériel, personnes, etc.) et les restrictions (objectif, délai et coût) tout au long du processus.

Important : une gestion de projet efficace nécessite une **gestion des tâches efficace**. Les projets sont souvent découpés en parties plus petites et plus faciles à gérer (tâches, activités ou jalons). La réussite de votre projet dépendant essentiellement du fait d'exécuter les tâches dans les délais impartis, celles-ci sont souvent classées par ordre de priorité et programmées sur un **échéancier**. Pour que le projet se déroule selon le calendrier prévu, il est important de respecter les délais et d'accomplir les tâches en fonction des dépendances et des priorités.

Les principes clés de la gestion de projet

Une gestion de projet professionnelle exige une approche disciplinée. Et bien que chaque projet soit différent, il existe un certain nombre de principes fondamentaux universels de la gestion de projet que vous pouvez appliquer pour augmenter considérablement vos chances de réussite.

Avant et pendant le projet, posez-vous **ces questions** :

- **Que** faut-il faire ?
- **Quand** cela doit-il être fait et dans quel ordre?
- **Où** en est le projet ?

www.teamleader.fr

Document 2 Les cinq phases de gestion de projet

Chaque phase comprend **des tâches et activités spécifiques** qui doivent être accomplies pour atteindre les objectifs relatifs à votre projet.

1. Lancement du projet

Lors de la première phase du projet, le chef de projet **évalue l'idée du projet** : est-ce l'une des activités clés de votre entreprise ? Est-ce faisable ? L'organisation en tirera-t-elle un bénéfice ? Si la réponse est un triple oui, vous pouvez commencer à définir le périmètre ou les résultats attendus du projet et à identifier les éventuels partenaires ou parties prenantes. Si votre projet nécessite une étude de faisabilité, c'est le moment de la commencer.

À la fin de la phase de lancement du projet, vous devez avoir **un plan de projet** clair, qui doit être approuvé par toutes les parties. Cela évite les malentendus et vous permet de gérer les attentes tout au long du projet.

2. Planification du projet

La phase de planification du projet est celle de l'élaboration de **la feuille de route** pour l'ensemble du projet. Elle comprend :

- La fixation de **buts et objectifs SMART** (Spécifiques – Mesurables – Acceptables – Réalistes – Temporellement définis).
- L'estimation des **coûts**.

• La définition du périmètre et des principaux livrables. Votre plan de projet (défini en phase 1) contient des informations sur **l'allocation des ressources** ainsi que sur comment :
– produire des **résultats qualitatifs,**
– gérer les **risques** et les imprévus,
– **communiquer** au sein de votre équipe et avec les parties prenantes externes.
Idéalement, vous devriez aussi **inclure un calendrier précis de ce qui doit se passer et à quel moment**. La meilleure façon d'y arriver est de créer des jalons : des objectifs conséquents avec des dates de fin précises.

3. Exécution du projet
La phase d'exécution du projet est celle où le projet devient visible en externe. Cela commence par **une réunion de lancement avec l'équipe** au cours de laquelle chacun est informé de ses tâches et des éléments importants relatifs au projet. Cette phase concerne **la création de livrables de qualité**. En tant que chef de projet, vous êtes responsable de l'allocation des ressources, de la concentration de votre équipe sur les tâches attribuées et du développement du projet conformément au plan que vous avez défini.

4. Surveillance et contrôle du projet
La quatrième phase du projet et la phase d'exécution se chevauchent souvent. Tout au long de votre projet, vous suivez de près l'état d'avancement de tous les livrables et vous planifiez **des réunions d'équipe régulières** pour vous assurer que vous êtes toujours dans les délais impartis. C'est là que vous devez être vigilant quant à « la dérive des objectifs ».
Pas envie de perdre du temps dans d'innombrables réunions destinées à faire le point sur la situation ? Un logiciel de gestion de projet basé sur le Cloud permet à votre équipe de **mettre à jour le statut de leurs tâches en temps réel**.

5. Clôture du projet
Les projets sont clos lorsque le dernier livrable a été **officiellement remis** et toutes les parties prenantes ont été informées que le projet est terminé. Avant cela, il est conseillé de réunir l'équipe et d'évaluer les points suivants :
• Qu'est-ce qui s'est bien passé ?
• Qu'est-ce qui aurait pu mieux se passer ?
• Quelles actions mettre en œuvre pour améliorer la réalisation des futurs projets ?
Cela vous permettra non seulement d'éviter de refaire deux fois les mêmes erreurs, mais aussi de mettre en place **des processus plus performants** et de **créer une équipe projet plus efficace**.

www.teamleader.fr

Votre tâche

1. Rappelez la notion de projet.

....

....

2. Citez les contraintes à prendre en compte pour réaliser un projet.

....

....

....

3. Indiquez comment, dans son exécution, est décomposé un projet.

....

....

....

4. Donnez des exemples de parties prenantes au projet.

....

....

....

....

5. Rappelez les cinq étapes de la gestion de projet et leur intérêt. Complétez l'**annexe 1**.

Annexe 1 Analyse des étapes de la gestion de projet

Étapes	Activités	Intérêts
1		
2		
3		
4		
5		

Mission 2 Appréhender les enjeux du projet dans le cadre de l'accueil des patients

Vous poursuivez votre initiation dans la gestion de projet et votre responsable vous confie une mission spécifique : améliorer l'accueil des patients de la clinique.

Prenez connaissance des **documents 3** et **4**, de l'**annexe 2**, puis effectuez la tâche demandée.

Document 3 Résultats de l'enquête de satisfaction de la clinique du Parc – année 202N

Le questionnaire de satisfaction est distribué avant la sortie du patient. Il peut être remis au personnel du service ou être remis dans les boîtes aux lettres réservées à cet effet.
Depuis le début de l'année, les modalités de calcul ont été revues afin d'améliorer la pertinence de l'analyse.
Un score sur 100 est calculé pour chaque item du questionnaire.

Au 1er trimestre de cette année, 2 441 patients soit 33 % nous ont fait part de leur satisfaction concernant leur prise en charge.
Score de satisfaction par item du questionnaire :
Seuls les items ayant un score de satisfaction ≥ à 80 (seuil de satisfaction) et ≤ à 60 (seuil d'alerte) sont repris dans cette synthèse.

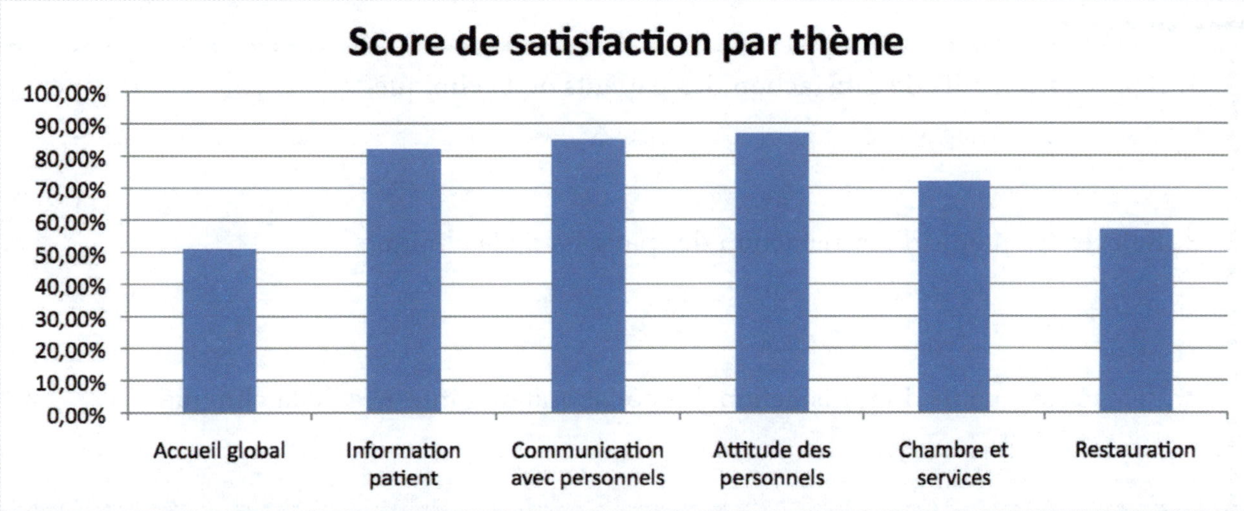

Les patients sont globalement satisfaits :	
Politesse et amabilité du personnel	90
Accueil par le groupe soignant	88
Qualité des soins globalement	87
Respect de l'intimité	87
Prise en charge de la douleur	85
Considération des médecins	89
Clarté des explications/informations	89
Prise en compte de votre avis	84
Propreté de votre chambre	86
Informations médicaments prescrits	87
Informations sur les complications	80

La clinique peut encore améliorer :	
Accueil multicanal du patient	51
Condition de stationnement (parking)	53
Restauration hospitalière	56

Commentaires libres :

652 patients ont fait part de leurs remarques
253 expriment leurs remerciements
341 critiquent le déroulé du séjour
(hôtellerie, restauration, prestations…)
18 critiquent le processus médical
97 critiquent le processus administratif
(accueil, facturation, attente…)

Document 4 Synthèse des entretiens avec les collaborateurs internes de la clinique

Votre tâche

1. Relevez les motifs de satisfaction des patients de la clinique.

....

....

2. Relevez les motifs d'insatisfaction des patients de la clinique.

....

....

3. Relevez les motifs d'insatisfaction des collaborateurs internes de la clinique.

....

....

4. Complétez l'**annexe 2** :

a) Proposez trois solutions permettant de remédier à ces dysfonctionnements.

b) Présentez, pour chaque solution, deux avantages et deux inconvénients dans leur mise en place.

Annexe 2 Analyse des solutions d'amélioration

Solutions	Avantages	Inconvénients
1.		
2.		
3.		

Mission 3 Participer à la réalisation et à la coordination du projet

Votre responsable a compris les motifs d'insatisfaction des patients et les difficultés que rencontrent les collaborateurs dans leurs activités au quotidien. Elle décide donc de vous confier le projet d'amélioration de l'accueil multicanal afin de réduire l'attente des patients dans leur prise en charge.

Prenez connaissance des **documents 5** à **8**, des **annexes 3** et **4**, puis effectuez la tâche demandée.

Document 5 Les avantages des logiciels de planification des rendez-vous

En tant que professionnel de la santé, vous avez peut-être réalisé que les soins ne sont plus la seule chose que les patients regardent lorsqu'ils choisissent un établissement. Ce sera toujours un facteur, le plus important pour beaucoup, mais la commodité de trouver un niveau de soins de haute qualité devient tout aussi important.

La planification en ligne, en particulier, est devenue une considération importante pour beaucoup. Le succès dans le monde numérique d'aujourd'hui signifie être en mesure de fournir des soins et une commodité de haute qualité. L'utilisation d'Internet via les Smartphones, les appareils mobiles et les tablettes est devenue la norme pour beaucoup. Traditionnellement, les soins de santé n'ont pas toujours suivi le même rythme. Aujourd'hui, avec les logiciels de rendez-vous médicaux comme le logiciel **Gestion rdv**, les choses ont changé.

NOUVEAUX PATIENTS

La prise de rendez-vous en ligne est plus facile pour les nouveaux patients. Apparemment, les gens sont moins susceptibles de passer des appels téléphoniques ; surtout, s'ils impliquent de parler à des gens qu'ils ne connaissent pas encore. Pour ceux qui recherchent un nouveau spécialiste médical, il est plus facile de prendre rendez-vous en ligne pour éviter d'avoir à faire ce difficile appel. Votre pratique manque un approvisionnement constant de nouveaux patients sans logiciel de rendez-vous.

PERSONNEL

Dans le secteur des services, la ressource humaine est l'une des ressources les plus importantes qu'une entreprise puisse avoir. Dans le secteur médical, on ne saurait trop insister sur leur importance. L'utilisation d'un logiciel de rendez-vous médical permet au personnel de se concentrer sur le travail le plus essentiel comme le logiciel Gestion des rendez-vous. Un grand nombre de rendez-vous en ligne se produisent après les heures d'ouverture, laissant le personnel se concentrer sur l'amélioration du niveau et de la qualité des soins qu'ils fournissent pendant les heures normales d'ouverture.

LA FLEXIBILITÉ

Parlant de la planification après les heures, les patients ont du mal à s'intégrer dans le calendrier des médecins occupés ou des experts médicaux, surtout quand les choses se lèvent après les heures normales d'ouverture. Il n'y a personne à appeler à ce moment-là, et aucun moyen de savoir s'ils pourront voir leur médecin le lendemain matin. Le type de commodité de rendez-vous en ligne est énorme. Vous vous connectez simplement sur le site de la clinique, vous pouvez voir à quelle heure le médecin sera disponible et planifier votre visite sans attendre le lendemain matin.

www.univers-informatique.info

Document 6 Le synopsis de projet : la méthode du QQOQCP

La méthode QQOQCP permet de **mener une analyse fine de la situation. Et ce, d'une manière constructive, basée sur un questionnement systématique** de façon à tourner le problème dans tous les sens, le décomposer dans toutes ses dimensions, décaler les regards et ouvrir le champ des possibles en matière de solution.

« QQOQCP » vient de l'acronyme qui la définit :

Q – Quoi : objet, action, phase, opération.
Q – Qui : parties prenantes, acteurs, responsables.
O – Où : lieu, distance, étape.
Q – Quand : moment, planning, durée, fréquence.
C – Comment : matériel, équipement, moyens nécessaires, manières, modalités, procédures.
C – Combien : coûts, quantité.
P – Pourquoi : motivations, motifs, raisons d'être, etc.

La démarche consiste à récolter et analyser toutes les informations pertinentes disponibles en posant un maximum de questions de tous ordres quant à une problématique, une situation, un sujet défini préalablement. L'idée est de **réfléchir de manière constructive afin de faire ressortir les causes principales du problème, les raisons d'être d'un projet spécifique**, définir les grandes lignes d'un plan d'action, etc.

www.manager-go.com

Document 7 La planification des tâches : comment et pourquoi ?

La planification des tâches : définition et enjeux

La planification a pour objectif de déterminer et d'ordonnancer les tâches à effectuer au sein d'un projet, puis d'estimer leur durée et les ressources nécessaires à leur accomplissement.

Il existe plusieurs techniques pour parvenir à découper un projet en tâches et pour les répartir sur un **planning**.

La **gestion des tâches** compte un ensemble d'actions :

- l'identification des tâches, grâce au découpage du projet ;
- la priorisation des tâches : l'ordonnancement des tâches les unes par rapport aux autres ;
- la planification des tâches : leur répartition dans le temps ;

– la répartition des tâches : l'allocation des ressources.
– interconnectées, ces actions nécessitent parfois de passer à l'étape suivante puis de réajuster. Par exemple, des contraintes dans la répartition des ressources humaines peuvent amener à revoir la planification.

La planification est bien entendu étroitement liée au facteur temps (quand ?), mais aussi :
– aux objectifs (quoi ?) ;
– aux parties prenantes (qui ?) ;
– aux méthodes et outils (comment ?) ;
– aux contraintes ;
– les ressources sont souvent limitées (main-d'œuvre, matériel) ;
– la durée du projet doit être la plus courte possible ;
– le coût doit être le moins élevé possible et rentrer dans le budget initialement alloué ;
– la qualité doit être optimale et conforme aux prévisions.

L'importance de la planification

La planification des tâches est primordiale car elle permet :
– de définir l'enchaînement logique des tâches entre elles et dans le temps ;
– d'exprimer un besoin en ressources ou moyens ;
– d'analyser les charges de travail ;
– de prendre en compte les facteurs de risques (contraintes extérieures au projet) ;
– de comparer l'avancement réel par rapport aux prévisions ;
– d'analyser les conséquences d'un écart entre ce qui était planifié et le réel ;
– d'identifier les dates de début « au plus tard » des tâches, et de fin « au plus tôt » ;
– de simuler des hypothèses optimistes, pessimistes, ou probables ;
– de prioriser les tâches.

Exemples d'outils de planification des tâches :

Le diagramme de Gantt :

Il **présente graphiquement l'avancement des tâches et leurs échéances**, avec la liste des activités (en ordonnée) et les unités de temps (en abscisse).

À chacune de ses tâches peuvent être liées :
– des ressources (moyens humains ou matériels) ;
– des connexions (avec d'autres tâches) ;
– des dates (de début et de fin).

Le diagramme de Gantt (du nom de son créateur, Henry Gantt) est très utilisé car il est :
– simple d'utilisation ;
– pratique à mettre à jour ;
– facilement compréhensible des experts comme des néophytes ;
– très visuel ;
– structurant ;
– collaboratif ;
– dynamique.

Le tableau de répartition des tâches :

Qui ? (acteur)	Fait quoi ? (mission, tâche)	Avec qui ? (experts, partenaires)	Pour quand ? (planning)	Comment ? (outil, moyens)	Suivi

En parallèle, un tableau de répartition des tâches peut être réalisé, appelé parfois le *kifékoi* ?

Synthétique, il fournit au chef de projet un outil de pilotage résumant les missions de toutes les parties prenantes et les moyens à mettre en œuvre pour les réaliser.

www.appvizer.fr

Document 8 Les étapes du projet

Étapes	Tâches	Jours	Remarques
1	Définir les objectifs du projet d'amélioration de l'accueil multicanal via l'utilisation d'un logiciel de gestion des rendez-vous : date de la réunion.	1	Le 6 avril 202N
2	Déterminer le cahier des charges, étapes, échéance, budget, acteurs, choix du logiciel, choix des supports.	8	
3	Rechercher des logiciels adaptés à la gestion et à la planification des rendez-vous.	8	
4	Proposer les logiciels sélectionnés en réunion.	1	
5	Effectuer un appel d'offre.	15	
6	Réceptionner les devis et les étudier en utilisant un tableau comparatif des prestataires.	8	
7	Sélectionner le devis le plus compétitif en adéquation avec le budget alloué.	1	
8	Effectuer la commande du logiciel.	12	
9	Réceptionner et traiter la commande avec le fournisseur.	4	
10	Informer et former le personnel au logiciel de gestion des rendez-vous.	7	En même temps
11	Communiquer aux patients la nouvelle organisation de gestion des rendez-vous.	7	En même temps
12	Réunion de clôture du projet avec les parties prenantes.	1	Semaine du 8 juin 202N

La tâche suivante débute le lendemain de la tâche précédente.

Votre tâche

1. Complétez l'**annexe 3**. Construisez le synopsis du projet d'amélioration de l'accueil multicanal de la clinique.
2. Complétez l'**annexe 4**. Construisez le diagramme de Gantt en planifiant les tâches à effectuer pour mettre en place le projet d'amélioration de l'accueil multicanal.

Annexe 3 Synopsis de projet

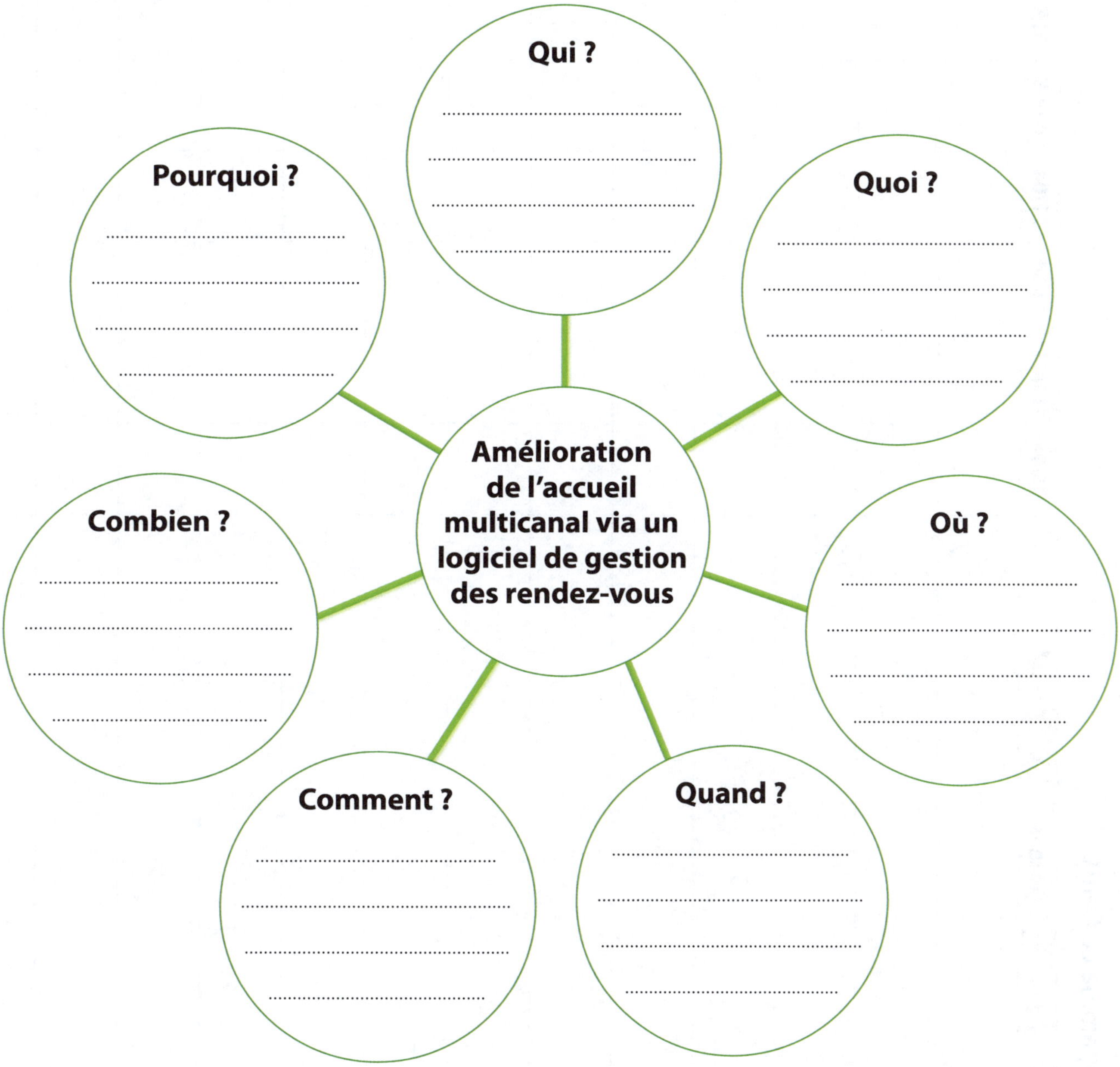

Annexe 4 Diagramme de Gantt

Étapes	Tâches	06/04	13/04	20/04	27/04	04/05	11/05	18/05	25/05	01/06	08/06
1											
2											
3											
4											
5											
6											
7											
8											
9											
10											
11											
12											

Légende : Jours

Mission 4 Analyser la qualité de la contribution et transmettre les résultats au porteur du projet

Votre responsable a mis finalement en place le projet, pour lequel vous avez pleinement contribué.
Elle souhaite désormais récolter l'avis des parties prenantes, notamment de la patientèle de la clinique qui utilise dorénavant le logiciel de gestion des rendez-vous depuis trois trimestres.
Elle vous demande de créer un support permettant de collecter la satisfaction des patients selon le canal adéquat, puis d'établir le compte rendu de ces résultats.

Prenez connaissance des **documents 9** à **11**, des **annexes 5** et **6**, puis effectuez la tâche demandée.

Document 9 Comment mesurer la satisfaction des clients ?

Toutes les grandes entreprises ont pris conscience du rôle clé de la satisfaction client sur la fidélisation, sur le bouche-à-oreille, sur l'image de marque, etc. **La satisfaction client est un levier de performance commerciale** de court, moyen et long terme. C'est acquis.
Zoom sur le NPS (Net Promoter Score), l'indicateur de recommandation par excellence.

Le NPS est le Net Promoter Score, en français : Score de Promoteurs Net. La traduction française est très peu employée. Cet indicateur vise à **identifier les promoteurs et les détracteurs de la marque.** Il s'agit d'un **indicateur de recommandation**, qui mesure la propension de vos clients à recommander vos produits et services. Il se calcule à partir des réponses obtenues à la question suivante (au passage, les trois indicateurs que nous allons vous présenter se mesurent en analysant les réponses aux questionnaires clients) :
« Sur une échelle de 0 à 10, recommanderiez-vous notre marque/nos produits/nos services à votre entourage ? »
La formulation peut varier. Les mots peuvent être adaptés. En B2B, notamment, on aura tendance à remplacer « entourage » par « collègues » ou « pairs ».
Cette question permet de **classer les clients en trois catégories** :

- Les **détracteurs**, qui sont les clients qui répondent entre 0 et 6 compris. Ce sont des clients insatisfaits ou très moyennement satisfaits. Ils sont potentiellement dangereux pour la marque et peuvent nuire à son image (bouche-à-oreille négatif).
- Les **passifs**, catégorie qui regroupe les clients qui ont répondu 7 ou 8. Ce sont des clients globalement satisfaits mais pas suffisamment pour être promoteurs de la marque et non immunisés contre les sirènes de la concurrence. Ils peuvent à tout moment mettre fin à leur relation avec la marque.
- Les **promoteurs** (réponse 9 ou 10), qui sont les clients les plus fidèles et les plus enthousiastes. Ce sont les avocats, les ambassadeurs de l'entreprise. Ce sont des prescripteurs naturels de ses produits et services. Ils entretiennent un lien émotionnel avec la marque.

Le score NPS se calcule en soustrayant le pourcentage de détracteurs au pourcentage de promoteurs. Il se présente sous la forme d'un **nombre entier compris entre 0 et 100.** Si vous avez 45 % de promoteurs et 10 % de détracteurs, votre NPS est de 35 (45 – 10 = 35).

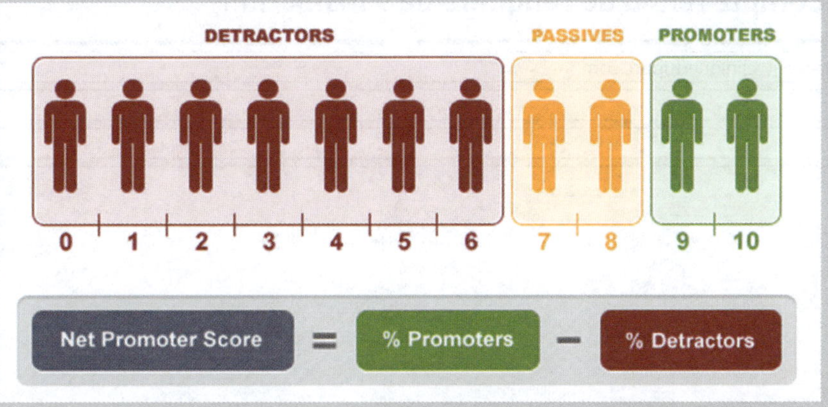

Le NPS est un indicateur simple à calculer, c'est l'une des raisons de son succès. L'autre étant qu'il met l'accent sur le critère de recommandation : en marketing, l'importance du bouche-à-oreille, de la viralité, est plus que jamais établie.

www.custup.com

Document 10 Le score NPS de la clinique du Parc des trois trimestres

Semestre	T1	T2	T3
Score	7	10	11

Document 11 Le score NPS de la clinique du Parc au 4e trimestre

Résultats des notes

- 35 personnes ont donné une note de 0 à 6
- 20 personnes ont donné une note de 7 à 8
- 50 personnes ont donné une note de 9 à 10

Soit au total 105 personnes.

Votre tâche

1. Rédigez la question NPS qui sera proposée aux patients à la suite de leur rendez-vous pris via le logiciel de gestion des rendez-vous. Complétez l'**annexe 5**.
2. Calculez le score NPS du 4e trimestre.

   ....

   ....
3. Rédigez une conclusion sur le résultat du score NPS qui sera à envoyer à votre responsable à l'adresse suivante : anne-sophieduly@cliniqueduparc.com. Complétez l'**annexe 6**.

Annexe 5 Indicateur de mesure de la satisfaction

Annexe 6 Compte rendu de l'enquête de satisfaction

De :	agentdaccueil@cliniqueduparc.com
À :	
Objet :	

TRAVAUX PRATIQUES 6 Mégaplex

SITUATION

Vous êtes en PFMP à Mégaplex, situé à Évry (91).
Mégaplex est un parc de loisirs indoor, multi-loisirs.
Ce parc de loisirs évolue en fonction de l'époque et de l'intérêt des consommateurs pour les loisirs.
Mégaplex, dispose d'un bowling, d'un espace de réalité virtuelle et d'une aire de jeu Laser Blade avec arène interactive, auxquels s'ajoutent des activités de jeux annexes : jeux d'arcades, billards, bar, snacking/confiserie.
Afin de répondre aux attentes des clients, votre responsable, M. ABDALAOUI a effectué des travaux de rénovation du Mégaplex et l'ouverture d'un nouvel espace sur 250 m² d'escape-rooms. Il s'agit d'espaces de jeu d'évasion.
L'escape-game est un jeu d'évasion au cours duquel les participants doivent résoudre un challenge en moins de 60 minutes. Ils doivent trouver des indices, résoudre des énigmes, manipuler des objets pour sortir de la salle le plus rapidement possible. Cette activité peut être menée en famille, entre amis, ou dans un cadre professionnel lors d'un team building.

PROBLÉMATIQUE

Comment mettre en place le projet de lancement de ce nouvel espace ?
Comment identifier le public cible qui participera à l'inauguration de ce nouvel espace ?

MISSIONS

Votre responsable vous confie les missions suivantes :
- Participer à la réalisation du projet de lancement.
- Identifier et segmenter le public cible.

Mission 1 Participer à la réalisation du projet de lancement

Votre responsable vous convie à la réunion de préparation du lancement de la nouvelle prestation escape-game au sein du parc de jeu. Il a organisé une réunion virtuelle.

Prenez connaissance des **documents 1** et **2**, de l'**annexe 1**, puis effectuez la tâche demandée.

Document 1 La liste de contrôle

Pour évaluer les tâches à planifier, il est communément utilisé une liste de contrôle

I. Définition
Une liste de contrôle (*check-list* en anglais) se présente sous forme d'un tableau qui permet d'évaluer le temps dédié à la réalisation de chacune des tâches composant une activité ou un projet et de contrôler leur avancement.

II. Méthode de construction

1. Repérer les tâches
Il est utile de numéroter les tâches.

2. Affecter des durées ou des dates
Chaque tâche est affectée d'une durée prévue et d'une durée réelle (connue à la fin de son exécution) dont l'unité de temps est obligatoirement indiquée : heure, jour, semaine, mois, etc. Parfois, ce sont les dates de début et de fin qui sont mentionnées. Les durées sont alors obtenues par soustraction. Ceci permet d'effectuer des contrôles de type « prévu/réalisé ».

3. Ordonner les tâches
L'ordre dans lequel les tâches sont inscrites, de haut en bas, correspond à un ordre chronologique et conjointement à une matrice d'Eisenhower, c'est l'ordre des priorités qui prime.

Document 2 La réunion

M. ABDALAOUI

Nous sommes tous là. Nous sommes six à participer à ce projet. L'équipe est constituée.

Nous sommes donc d'accord sur la date, ce sera le vendredi 3 avril.

Nous devons encore réfléchir aux objectifs, au thème, aux modalités de l'événement. Je pense que d'ici à la fin de la semaine, nous aurons cerné ces quelques points.

… Pour ce qui concerne la communication ? Nous prenons le temps de déterminer les supports de communication. Je vous écoute.

Karine

Comme d'habitude, je me charge de la partie communication média.

J'envisage pour le lancement de notre nouvelle offre escape-game, d'insérer un teasing sur les réseaux sociaux et sur la page internet de notre site.

Peux-tu (stagiaire) me rechercher et me dresser une liste des agences de communication capables de nous accompagner à la mise en scène d'un teasing ?

Peux-tu me remettre cette liste pour début février ?

Je me charge de rédiger les contenus à diffuser sur le site internet et les réseaux sociaux : la newsletter et les posts. Je pense le faire début mars.

Je me charge de diffuser les contenus sur Internet et les réseaux sociaux tout le mois de mars.

Lydie

Je m'occupe des invitations.

Il faut tout d'abord mettre à jour la base de données des clients (pour extraire la cible des clients à inviter). Peux-tu (stagiaire) t'en charger ? Il faut que ce soit fait avant la fin février.

Je vais rédiger, au même moment, les invitations au format papier.

Peux-tu (stagiaire) ensuite te charger de les mettre sous plis et les envoyer ? Je pense les envoyer début mars.

Puis ensuite, il faudra effectuer, quinze jours après, les relances par mail. Je me charge de la rédaction des mails d'invitation et d'assurer les relances.

Nous effectuerons une relance téléphonique la semaine qui précède l'inauguration. Je rédigerai le plan d'appel téléphonique de relance au début de cette semaine-là.

Avec (stagiaire), nous effectuerons les appels de relance.

Emmanuel

Je me charge de la communication hors média.

Je vais rédiger, la première semaine de février, la maquette de présentation des tracts et des affiches.

Peux-tu (stagiaire), rechercher des imprimeurs et sélectionner le plus offrant ? Tu le feras en même temps que ta recherche d'agence de communication.

Je me chargerai d'envoyer le bon à tirer pour l'impression des tracts. Ce sera fait mi-février.

Il faut planifier et organiser la distribution des tracts dans la ville et les communes voisines.

Peux-tu élaborer, en mars, un planning de boîtage (distribution dans les boîtes aux lettres) ?

Je pense qu'il faudra deux semaines pour assurer le boîtage dans le secteur que nous aurons délimité.

Teasing : Technique publicitaire de l'aguichage. Caractéristique d'une campagne de publicité en deux temps. La première annonce (teaser) ou aguiche est conçue de manière à attirer l'attention et susciter la curiosité du consommateur en communiquant l'information de manière incomplète, généralement sans révéler le nom du produit ou celui de l'annonceur. La seconde annonce ou révélation vient compléter la première en l'explicitant. Cette technique est déclinable dans les différents médias et peut parfois comporter deux, voire trois teasers. Henri Joannis parle de « suspens différé » pour décrire cette approche.

www.e-marketing.fr

Votre tâche

- Complétez sur l'**annexe 1** la liste de contrôle des tâches à effectuer pour mener le projet de lancement de la nouvelle prestation offerte par le parc de jeu.

Annexe 1 Liste de contrôle

N°	Tâche	Assigné à	Réalisé	Date ou période	Date tâche réalisée
1.	Constituer l'équipe	M. ABDALAOUI	✖	Aujourd'hui	28 janvier
2.					
3.					
4.					
5.					
6.					
7.					
8.					
9.					
10.					
11.					
12.					
13.					
14.					
15.					
16.					
17.					
18.					

Établissements spécialisés
L'île de loisirs a été choisie par le Conseil Régional comme base pilote en matière d'accessibilité.
De nombreuses activités sont accessibles : la plage, les embarcations nautiques, le tir à l'arc, le surf ou la voile…

Associations
L'île de loisirs offre un terrain de jeu idéal pour toutes les associations qui veulent y pratiquer une activité. Plus de 60 associations sont déjà présentes, et plus de 1 800 licenciés !

Document 4 Appréhender le client

Comprendre que votre client est aussi un humain, doté de sentiments et d'émotions est l'un des grands enjeux du commerce moderne. Certaines entreprises ont encore bien du mal à l'intégrer. Replacer le client au cœur de ses stratégies : une prise de conscience généralisée certes mais des actes qui manquent encore à l'appel…
L'objectif aujourd'hui n'est pas seulement d'acquérir un client mais de le conserver sur la durée. Les entreprises doivent l'intégrer et adapter leurs activités de façon à satisfaire sa clientèle. Le consommateur est un être à part entière qu'il faut comprendre dans son intégrité, sa singularité. Ainsi, percevoir ses émotions pour lui proposer des offres plus personnalisées est l'une des priorités, le tout dans une démarche collaborative. Passer du client ambassadeur au client militant.

https://medium.com

Document 5 Appréhender l'usager au sein de L'île de loisirs

Pour appréhender l'usager au sein de L'île de loisirs, il faut prendre en compte :

sa personne
- son sexe
- son âge
- son comportement

ses besoins
- ses attentes
- ses motivations
- ses centres d'intérêts

son expérience
- son histoire
- ses habitudes
- sa fidélité ou non à l'entreprise

sa pensée
- ses émotions
- ses sentiments

Votre tâche

1. Expliquez ce qu'est une île de loisirs.

……………………………………………………………………

……………………………………………………………………

……………………………………………………………………

2. Identifiez les différents segments de prestations offertes par L'île de loisirs.

……………………………………………………………………

……………………………………………………………………

3. Énumérez les segments de visiteurs fréquentant L'île de loisirs.

....

....

....

4. Énumérez les éléments à prendre en compte pour l'agent d'accueil pour appréhender l'usager.

....

....

....

5. Complétez l'**annexe 1**, pour chaque situation :

a) Identifiez le segment des visiteurs auquel correspond l'usager.

b) Indiquez les éléments sur lesquels doit se concentrer le chargé d'accueil pour appréhender l'usager.

c) Proposez une offre adaptée à chaque demande des usagers.

Annexe 1 Les situations

Situation	Typologie	Éléments à prendre en compte	Prestations à offrir
1. Je venais à L'île de loisirs lorsque j'étais plus jeune. Pouvez-vous m'indiquer quelles activités il est possible de proposer à ma petite fille ?			
2. Nous aimerions connaître les activités qu'il est possible de faire partager aux jeunes adolescents en situation de handicap. Ils aimeraient passer une journée inoubliable !			
3. Nous aimerions profiter de L'île en famille : nous aimons les promenades, faire un pique-nique et laisser les enfants jouer librement.			
4. Notre entreprise vient d'installer son siège à Cergy… Nous souhaitons découvrir la région et nous souhaitons organiser un séminaire de cohésion de groupe. C'est une grande première pour nous.			
5. J'aime le sport en eau vive et les activités sportives originales !			
6. Notre centre de loisirs a pour habitude d'offrir à ses jeunes une sortie de découverte en été. Notre approche est citoyenne et responsable.			
7. J'aime beaucoup L'île : J'espère me retrouver avec la nature, la faune et la flore…			
8. Nous envisageons d'organiser une sortie avec nos élèves, pédagogique et ludique !			
9. Je viens d'emménager en ville, j'aime marcher, courir et nager… Pour ma santé et dans un cadre naturel.			

Annexe 3 Brouillon

TRAVAUX PRATIQUES 7 Key Club

SITUATION

Vous effectuez une période de formation en milieu professionnel au sein de Key Club, centre de remise en forme haut de gamme, situé à Paris (75), dans le 16e arrondissement.
Key Club est un club privé proposant des services haut de gamme dans un cadre luxueux et prestigieux. Il est composé d'infrastructures disposant des technologies les plus récentes, de salles de cours collectifs à effectif réduit (5 à 6 personnes maximum), d'un spa, d'une piscine, de personnels qualifiés (coach sportif, réflexologue, kinésithérapeute et diététicien). Le club a pour objectif de proposer, à chacun des adhérents, un suivi personnalisé, en l'accompagnant dans une activité sportive intelligente. Pour cela, un bilan complet est établi et un programme adapté et personnalisé est proposé.
Le club a une clientèle exigeante, qui occupe des fonctions importantes dans leur vie professionnelle (médecins, hommes et femmes d'affaires ou dans la finance, mannequins, comédiens…) et ne dispose que de peu de temps pour leur pratique sportive au quotidien.
C'est pourquoi, votre responsable souhaite développer une stratégie commerciale adaptée et personnalisée afin de satisfaire sa clientèle.

PROBLÉMATIQUE

Comment développer une relation commerciale digitale et personnalisée ? Quels supports de la relation commerciale utiliser ?

MISSIONS

Votre responsable, M. LETELLIER, vous confie les missions suivantes :
- Appréhender l'offre de l'organisation.
- Identifier le public et traiter la demande.
- Actualiser la base de données.
- Identifier les supports utiles à la relation commerciale.

Mission 1 Appréhender l'offre de l'organisation

Votre responsable vous demande de découvrir l'offre de l'organisation, d'identifier le public spécifique du club qui se présente à vous afin de bien cibler sa demande.

Prenez connaissance du **document 1**, puis effectuez la tâche demandée.

Document 1 Les salles affûtent leurs modèles pour mieux séduire leur clientèle cible

Key Club offre des « prestations de services irréprochables ». À 149 € par mois, son service a pour objectif de délester les adhérents de préoccupations logistiques. Serviettes, gels douche et crèmes pour le corps de la marque Clarins, avec laquelle l'entreprise est partenaire, sont fournis. Et dans un souci d'harmonisation avec la clientèle, les cours sont assurés par des coachs sportifs habillés par Emporio Armani. Étiquette haut de gamme oblige.
L'autre plus de l'enseigne réside dans l'importance accordée à l'hygiène. Des équipes de nettoyage sont mobilisées 86 heures par semaine. Mais ce qui caractérise encore davantage le club de fitness, c'est la technologie. Les salles regorgent de machines dernière génération, notamment des tapis de course utilisés par des athlètes de haut niveau. Un tout technologique qui transforme le club en laboratoire d'idées : chaque année, l'enseigne se renouvelle en proposant quatre nouveaux cours dont deux en septembre.
Qualité et sérieux sont les mots clés de la stratégie marketing du club, qui cible l'assiduité et la fidélité des adhérents, à qui l'enseigne offre une séance de coaching d'une heure à chaque nouvel abonnement et propose ensuite des séances individuelles tarifées de 63 à 99 euros. « Lorsque nos clients ne renouvellent pas leur abonnement, il s'agit de non-réabonnements contraints. Les déménagements et les grossesses sont les principales raisons pour lesquelles nos adhérents nous quittent », explique votre responsable en évaluant le taux de réabonnement à 65 % l'an passé. Avec 250 adhérents, la priorité est aussi d'éviter une trop grande promiscuité dans la salle commune où se déroulent les cours collectifs : « Nous faisons en sorte de ne pas avoir plus de 1,3 adhérent par mètre carré lors des cours », explique votre responsable.

Votre tâche

1. Situez l'offre et le positionnement de l'organisation sur son marché.

2. Repérez les caractéristiques commerciales et techniques des services proposés par l'organisation.

Mission 2 Identifier le public et traiter la demande

Votre responsable vous demande d'assurer un accueil chaleureux aux clients et prospects qui entrent au club, il en va de la réputation de l'entreprise.

Prenez connaissance des **documents 2** à **4**, puis effectuez la tâche demandée.

Document 2 M. BLAGNAC : prospect

Bonjour,

Je suis M. Blagnac Adrien. Un ami m'a conseillé votre salle de sport car il en est très satisfait.

J'ai pris un rendez-vous pour une séance qui me permettra de tester mes aptitudes physiques. Mais je ne me rappelle plus du nom du coach.

Je suis très pris par mon travail à la clinique, c'est très stressant, j'ai besoin d'évacuer ce stress au moins 1 à 3 fois par semaine, après 19 h. Pourriez-vous d'ores et déjà convenir de 2 séances personnalisées avec mon coach du jour cette semaine ?

Document 3 Extrait du planning des séances sportives individualisées : semaine du 13 au 18 juillet

Horaire/ Jour	Lundi	Mardi	Mercredi	Jeudi	Vendredi	Samedi
13 h – 14 h	Mme SACHEZ Coach Sandra		M. SEIF Coach Gaël	Mme PICCIC Coach Gaël	Mme SACHEZ Coach Sandra	M. KEÏTA Coach Sandra
15 h – 16 h		Mme VIROL Coach Gaël				
17 h – 18 h				M. KEÏTA Coach Sandra		M. THOMAS Coach Sophie
19 h – 20 h	Mme MALIK Coach Sophie		Mme MALIK Coach Sophie		Mme SEIF Coach Gaël	
20 h – 21 h		M. BLAGNAC Coach Gaël		Mme VIROL Coach Gaël		

Document 4 Extrait des tarifs des séances sportives individualisées

Tous les jours de 13 h à 18 h	63 € pour une heure de séance
Tous les jours de 19 h à 21 h	99 € pour une heure de séance

Votre tâche

1. Identifiez le prospect qui se présente à vous.

....

....

2. Rappelez à M. BLAGNAC le nom du coach qui l'accompagnera pour sa séance du jour.

....

3. Contrôlez le planning de la semaine et proposez à M. BLAGNAC deux séances selon ses disponibilités.

....

....

....

Mission 3 Actualiser une base de données

Votre responsable vous explique qu'il est nécessaire de collecter des informations fiables pour renseigner la base de données. Il vous demande d'actualiser la base de données dés lors qu'un prospect se présente à vous et de renseigner les besoins afin de répondre de façon personnalisée et adaptée.

Prenez connaissance des **documents 5** et **6**, des **annexes 1** et **2**, puis effectuez la tâche demandée.

Document 5 Échanges entre M. BLAGNAC et l'agent d'accueil polyvalent

Agent d'accueil : Arrête totalement ses activités, regard franc et sourit à son interlocuteur. « Bonjour M. Blagnac. Bienvenue au sein de Key Club. Je vais vous demander quelques renseignements complémentaires afin de renseigner notre fichier client et vous préparer votre carte d'adhérent premium. Pourriez-vous m'indiquer vos coordonnées postale, téléphonique et numérique s'il vous plaît ? »

Client : « Merci. Oui, j'habite au 3 rue Floréal, dans le 17e arrondissement. Mon numéro de téléphone est le 06 84 51 68 63 et mon adresse mail est ablagnac@yahoo.fr. »

Agent d'accueil : « Merci. Pourriez-vous m'indiquer votre date de naissance ? »

Client : « Oui, je suis né le 18 juillet 1985. »

Agent d'accueil : « Avez-vous téléchargé notre application Key Club sur l'App store ou sur Play store ? Cela vous permettra de gérer vos rendez-vous avec nos coachs, d'accéder à votre programme et suivi personnalisé. »

Client : « Non, pas encore. Mais c'est une excellente idée. »

Agent d'accueil : « Oui, en effet. Soyez rassuré, votre coach vous expliquera l'intérêt de cette application. Je vais juste vous demander de vous placer face à l'objectif de la webcam pour éditer votre badge. Merci. Voici votre carte premium M. Blagnac, ainsi que votre badge d'accès à l'ensemble des installations. Je vous souhaite une belle expérience sportive ! »

Mission 1 Prendre contact avec le public et interagir

Votre responsable vous demande de prendre en charge les clients lors de leur arrivée à l'agence. Ils viennent récupérer ou déposer un véhicule. Elle vous demande d'être attentif aux émotions exprimées par les clients.

Prenez connaissance des documents 1 à 4, de l'annexe 1, puis effectuez la tâche demandée.

Document 1 La communication non verbale

La communication non verbale regroupe tous les moyens de communication n'ayant pas recours aux mots.

Expression	Paraverbal	Gestes et postures	Apparence
• Regard • Expression faciale • Mimiques	• Intonation • Timbre • Débit de la voix	• Posture • Attitude • Gestes • Distance instaurée	• Tenue vestimentaire • Coiffure • Maquillage • Accessoires

Document 2 La proxémie

Le concept de proxémie est la relation existant entre deux individus en fonction de la distance physique les séparant lors d'une interaction. Elle est composée de 4 zones :

– **Intime**. Zone hautement émotionnelle allant de 15 cm à 45 cm, c'est la distance séparant deux membres d'une même famille, ou extrêmement proches, dont les liens sont émotionnellement forts (contacts physiques, chuchotements, etc.). Les dialogues ne sont pas perceptibles par une personne hors de la zone. On la nomme parfois distance du secret.

– **Personnelle**. Zone de 45 cm à 1,20 m, on la nomme zone affective. Les liens sont émotionnellement moins intenses, mais suffisamment pour titiller l'affect. C'est la distance pour une discussion particulière, entre amis. Les dialogues sont audibles tout en restant relativement feutrés. On la qualifie de distance de la confidence.

– **Sociale**. Zone de 1,20 m à 3,60 m, c'est la zone de sociabilisation avec des interactions entre individus se connaissant ou se côtoyant régulièrement (connaissances, collègues de travail, etc.). La voix porte et se fait entendre sans effort.

– **Publique**. Zone sans contacts physiques ni interactions directes, il s'agit de la distance existant entre une personne et un groupe d'individus (conférencier face à son auditoire, par exemple).

Chaque individu a sa propre perception de ces zones. Il faudra s'adapter. Ne pas franchir le seuil d'une zone sans y avoir été invité !

www.manager-go.com

Document 3 La roue des émotions du Plutchik

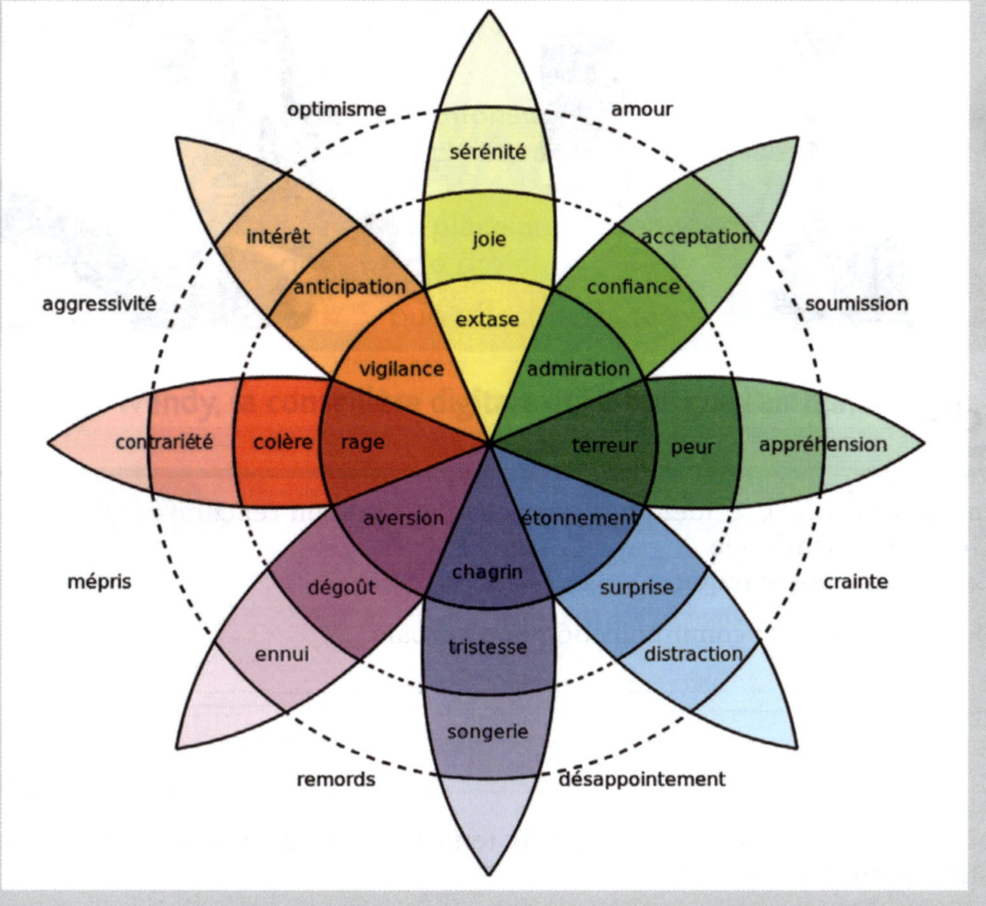

La roue des émotions établit un modèle des émotions humaines et de leurs relations possibles. Constitué de huit émotions fondamentales, opposées deux à deux, ce procédé schématique définit les combinaisons et multiples nuances possibles.

fr.wikipedia.org

Document 4 Situations

1. Avant de prendre son service et ouvrir l'agence

2. La panne d'essence !

3. Au comptoir de l'agence

4. Des manifestants qui passent devant l'agence.

Étape du parcours	La situation de Rayan	Éléments de mesure de sa satisfaction client
Après la location	Rayan, une semaine après la restitution de son véhicule.	Suite à votre dernière location, recommanderiez-vous l'agence de location ? Non 1 2 3 4 5 6 7 8 9 10 Oui
Le suivi de la clientèle	Rayan tient un blog où il raconte ses périples et ses road trips. Il a écrit un article où il cite l'agence à plusieurs reprises.	Google Alertes Actualités *Mon dernier road trip au Maroc… en louant un véhicule de Starcar… Un bon point !*

Votre tâche

Complétez l'**annexe 4**.

1. Identifiez les outils de mesure de satisfaction utilisés pour connaître la satisfaction du client à chaque étape de son parcours.

2. Identifiez la dimension de satisfaction touchée.

Annexe 4 Analyse des outils de mesure déployés lors du parcours

Étape	Outils de mesure	Dimension de la satisfaction
1. La recherche de loueurs de voiture		
2. La réservation		
3. La prise de possession du véhicule		
4. L'usage du véhicule		
5. La restitution du véhicule		
6. Après la location		
7. Le suivi de la clientèle		

TRAVAUX PRATIQUES 8 Aido

SITUATION

Vous êtes en PFMP au sein de l'e-shop Aido (site marchand), situé à Nice (06).
Aido est un commerce électronique qui propose des services aux particuliers et aux professionnels, à distance, sur Internet, sur son application pour smartphone et sur les réseaux sociaux. Elle propose des services de gardiennage, de garde d'enfants, de ménage, de repassage, de jardinage, de bricolage, de l'assistance informatique et de l'assistance aux seniors. Aido souhaite offrir à sa clientèle un service de qualité en répondant rapidement aux besoins particuliers et singuliers de son client. C'est pourquoi, elle veille à proposer une solution adaptée en multipliant les points de contact avec ce dernier. Aussi, elle utilise une communication multicanale : téléphone, site internet, courriel, courrier, chat, réseaux sociaux, application mobile… et reste joignable 24h/24 et 7j/7. Aido a l'ambition de vouloir développer l'expérience client notamment en découvrant de nouveaux services et souhaite mettre en place des actions de fidélisation de sa clientèle afin de pérenniser la relation commerciale.

PROBLÉMATIQUE

Comment contribuer à la fidélisation ? Dans quelle mesure les actions de fidélisation sont pertinentes et permettent de pérenniser la relation ? Comment mesurer l'efficacité des actions de fidélisation ?

MISSIONS

Votre responsable, Mme KAMISOKO, vous confie les missions suivantes :
- Identifier les actions de fidélisation digitales.
- Mesurer l'efficacité des actions de fidélisation.

Mission 1 Identifier les actions de fidélisation digitales

Comme dans les commerces « physiques », la fidélisation existe en version numérique. À distance, la fidélisation en ligne utilise des moyens différents. Votre responsable souhaite donc vous faire connaître les nouvelles actions de fidélisation digitales.

Prenez connaissance du **document 1**, de l'**annexe 1**, puis effectuez la tâche demandée.

Document 1 Les nouveaux modes de fidélisation

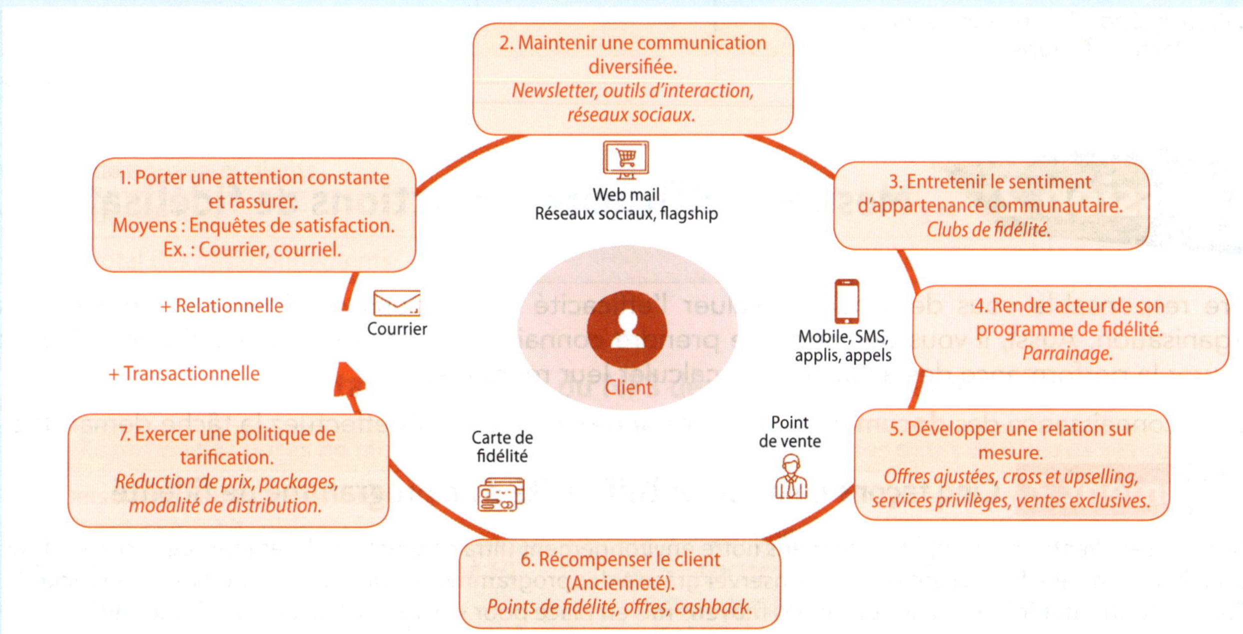

Mission 1 Repérer les signes de tensions

L'accueil au service après-vente est source de stress pour le personnel. En effet, votre responsable vous explique que ce service traite un grand nombre de réclamations.
Il vous demande d'être attentif aux symptômes de stress au sein de ce service.

Prenez connaissance du **document 1**, de l'**annexe 1**, puis effectuez la tâche demandée.

Document 1 Les symptômes de stress

Le tableau suivant répertorie quelques-uns des signes et symptômes de stress les plus communs. Plus ils sont nombreux et plus la surcharge causée par le stress sera importante.

Symptômes	Difficultés rencontrées et maux constatés
Symptômes cognitifs	Difficultés d'attention et de concentration : idées confuses, erreurs, interruptions fréquentes de tâche, etc. Difficultés de mémorisation : oublis, vérifications. Des idées fixes ou des ruminations mentales. Des difficultés à prendre des décisions, y compris des décisions simples.
Symptômes émotionnels	Humeur instable – irritabilité, impatience, agressivité. Inquiétudes, anxiété. Tendance à dramatiser certaines situations. Perte d'intérêt, de motivation, de plaisir pour les activités habituelles.
Symptômes comportementaux	Des perturbations du sommeil : longue période d'endormissement, réveils nocturnes, cauchemars, insomnies, fatigue inhabituelle le matin. Des perturbations alimentaires : perte d'appétit, repas sautés, grignotage, etc. Comportements d'évitement : fuir les difficultés, fuir les contacts sociaux, s'isoler et rester seul, etc. Des tendances additives : alcool, drogues, médicaments, jeux en ligne ou de hasard.
Symptômes somatiques	Des maux de tête, des douleurs musculaires et articulaires, etc. Des difficultés digestives : « boule à l'estomac », constipation, diarrhée, nausée, vomissement, brûlure, crampe, etc. Des difficultés respiratoires : souffle coupé, essoufflement, gène thoracique, etc. Des infections cutanées : démangeaisons, boutons, urticaire, boutons de fièvre, eczéma, psoriasis, etc.

https://sante.journaldesfemmes.fr

Votre tâche

- Pour chaque situation, identifiez les symptômes concernés. Complétez l'**annexe 1**.

Annexe 1 Les symptômes du stress

Situation	Analyse
1. Nabil, avant chaque ouverture du magasin, a besoin de prendre une cigarette. Ces derniers temps, il joue beaucoup à des jeux en ligne et de hasard sur son téléphone portable.	
2. Lydia se plaint régulièrement d'avoir mal au ventre avant de prendre son service, elle a eu des nausées…	
3. Michel est de moins en moins impliqué dans son travail. Il oublie de saisir les coordonnées du client ou encore de donner un bon d'achat alors qu'il s'agit de donner un avoir aux clients qui réclament.	
4. Camille arrive parfois en retard. Elle prend son temps pour prendre son service. Elle qui était la plus souriante des hôtesses, perd parfois patience et est expéditive.	

Mission 2 Recueillir les réclamations

Votre responsable souhaite une prise en charge personnalisée pour chacune des réclamations des clients.
Vous utilisez une typologie afin de traiter les réclamations.

Prenez connaissance des **documents 2** à **4**, de l'**annexe 2**, puis effectuez la tâche demandée.

Document 2 Typologie des clients réclamants

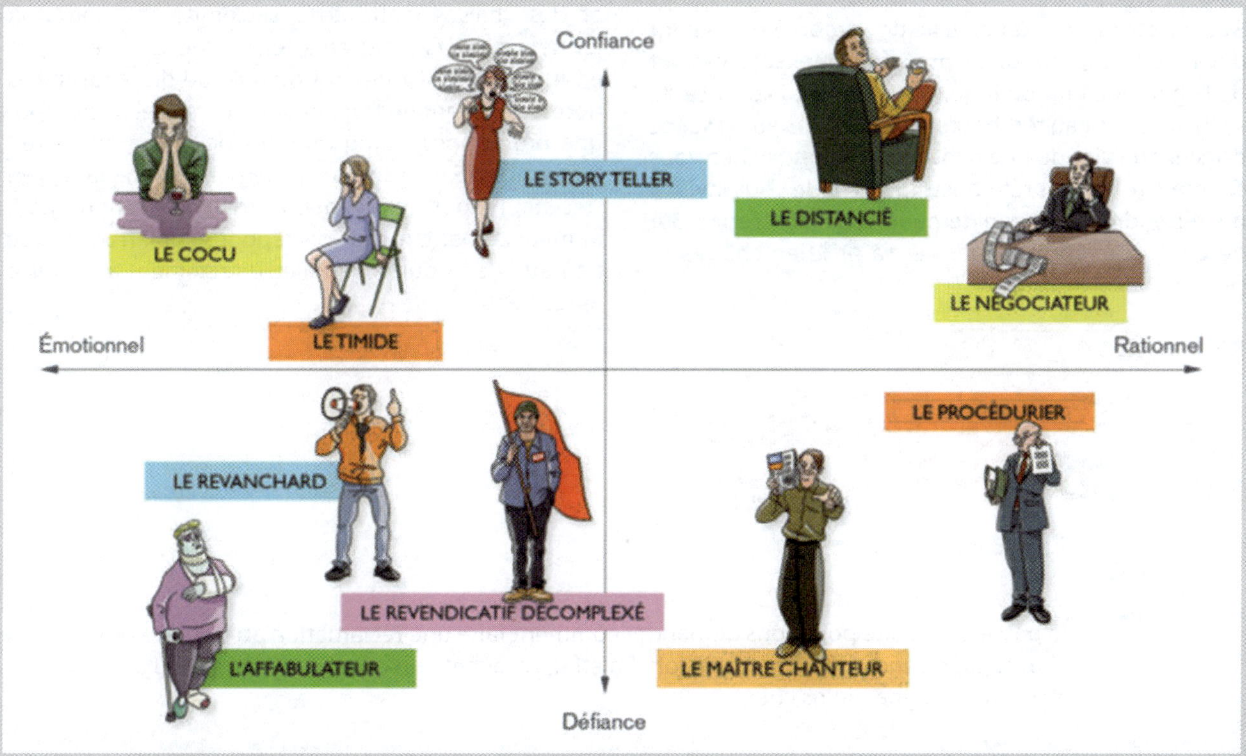

1. **Le négociateur :** Client qui négocie chaque point et chaque centime liés à la prestation de service ou à la réclamation elle-même.
2. **L'affabulateur :** Il exagère lorsqu'il évoque son parcours client dans ses propos.
3. **Le story-teller :** Le story-teller raconte son histoire dans les moindres détails.
4. **Le maître-chanteur :** Client qui dans sa réclamation, assortira une demande expresse et explicite de geste commercial de compensation. En cas de réponse négative, il menace clairement d'abandonner la marque, de contacter la presse, de créer un blog sur son cas, etc.
5. **Le distancié :** Client qui n'a pas envie d'entrer dans la négociation, des arguments et de la procédure. Il garde ses distances. Il envoie des messages discrets, souvent humoristiques, et veut obtenir satisfaction sans avoir à « se battre ».
6. **Le procédurier :** Il connaît les textes juridiques et contractuels sur le bout des doigts. Il y fait d'ailleurs souvent référence dans ses courriers ou ses mails. Il n'utilise jamais le téléphone. Il sait bien que seuls les écrits ont de la valeur. Il utilise un vocabulaire technique et précis. Il indique clairement ses attentes.
7. **Le cocu :** Il s'estime trahi par la marque, avec laquelle il pensait entretenir une relation privilégiée. C'est un client de toujours, un ex-salarié de cette entreprise, un excellent client, etc. Sa déception est énorme. On le traite comme s'il était un client lambda, ce qui lui est totalement insupportable.
8. **Le timide :** Client qui ose à peine formuler sa demande. La démarche de réclamation lui paraît presque insurmontable. Il a le sentiment de vous déranger.
9. **Le revanchard :** C'est le maître chanteur qui aurait « muté » car son cas a été mal traité par le service Client. Il poste des messages hargneux sur les réseaux sociaux, crée son site Internet pour raconter ses malheurs et incite son entourage à ne plus entrer en relation avec l'enseigne.
10. **Le revendicatif décomplexé :** Il entend communiquer avec l'entreprise d'égal à égal. Il parle en son nom, mais aussi au nom de tous les autres consommateurs, avec un discours très consumériste et revendicatif. Il est un consommateur particulièrement averti, quelqu'un qui va réclamer toute l'attention, pour lequel la procédure standard a peu de chance de fonctionner.

D'après www.kpam.fr

Document 3 Les réclamations clients du jour

Réclamation 1 : Non seulement vous allez me rembourser les 35,76 euros que vous me devez pour l'achat des accessoires supplémentaires, qui pour moi devaient être dans la boîte de ce multicuiseur, mais également les 15,62 euros de communication que j'ai eus avec votre hotline surtaxée pour me faire entendre.

Réclamation 2 : Je suis en colère, je suis déçu. Je suis pourtant un client fidèle. J'ai acheté cet écran de télé dans votre magasin. Mais il ne fonctionne pas ! Appelez-moi le responsable.

Réclamation 3 : Je renouvelle donc mon étonnement devant une application de procédure inexacte au sujet de la garantie et mon inquiétude devant l'absence de visibilité quant au remboursement de 963 euros sur ce dossier au sujet de la bibliothèque achetée chez vous sur mesure et pour référence 453234R. Je vous invite à me répondre le plus rapidement, et par écrit, en retour de ce courrier, pour confirmer sa prise en charge au plus vite.

Réclamation 4 : C'est un vrai danger ce fer à repasser, après une brûlure avec le sabot du fer. J'ai failli me fracturer la jambe gauche en me prenant le pied avec le fil de l'appareil. Je ne suis pas venu immédiatement au magasin pour réclamer car il a fallu passer chez le médecin qui m'a posé un arrêt de travail. Il m'a cloué au lit avec du paracétamol et quelques crèmes apaisantes.

Réclamation 5 : Incident n° 4 – Je me rends donc au service clientèle du magasin à 14 h 45. Trois hôtesses et des chaises d'attente à proximité. Un comptoir fermé, cinq personnes en attente. Une sixième arrivée en même temps que moi qui décide de repartir. Les hôtesses étaient en train de faire un appel micro pour une promotion… Cinq minutes de plus à attendre ! Vient mon tour, je suis accueilli par une stagiaire, j'en suis sûr, j'expose brièvement mon souci (enfin) mais, immédiatement, je me vois répondre un arrogant « Je ne peux rien pour vous. Allez directement au service après-vente ».

Réclamation 6

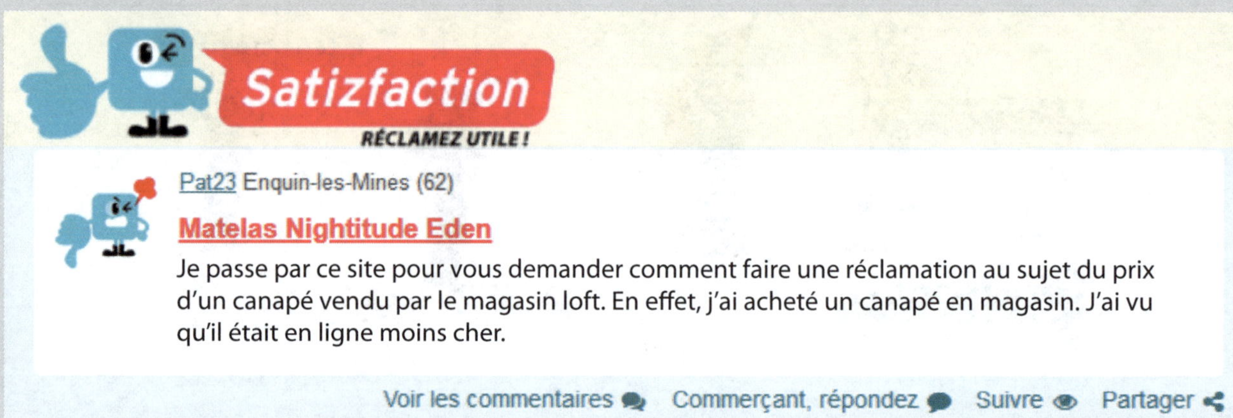
Satizfaction
RÉCLAMEZ UTILE !

Pat23 Enquin-les-Mines (62)

Matelas Nightitude Eden

Je passe par ce site pour vous demander comment faire une réclamation au sujet du prix d'un canapé vendu par le magasin loft. En effet, j'ai acheté un canapé en magasin. J'ai vu qu'il était en ligne moins cher.

Voir les commentaires Commerçant, répondez Suivre Partager

Réclamation 7

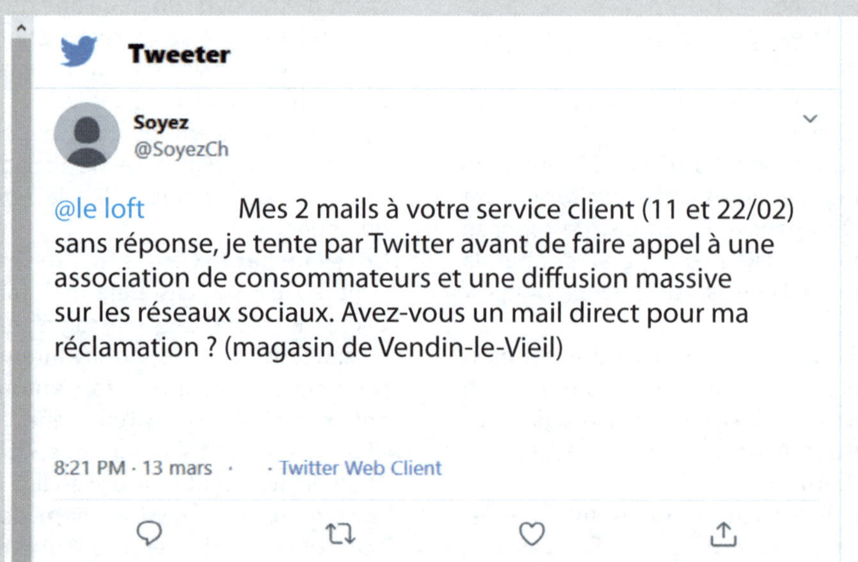
Tweeter

Soyez
@SoyezCh

@le loft Mes 2 mails à votre service client (11 et 22/02) sans réponse, je tente par Twitter avant de faire appel à une association de consommateurs et une diffusion massive sur les réseaux sociaux. Avez-vous un mail direct pour ma réclamation ? (magasin de Vendin-le-Vieil)

8:21 PM · 13 mars · · Twitter Web Client

Document 4 Causes d'insatisfaction clientèle

Le produit

La qualité du produit, ses défauts, son inadaptation à l'usage que l'on en attend.
Les risques pour la santé ou pour la sécurité lors de l'usage du produit.
L'emballage défectueux.
Le manque de disponibilité du produit, son absence prolongée des rayons.
Le mode d'emploi manquant ou incomplet ou en langue étrangère.

Le prix

Le prix, considéré comme trop élevé ou mal affiché.
Le paiement ou les modalités du crédit.

Les services

Les délais de livraison : retard, délai trop long, mauvaise qualité de l'intervention, etc.
La communication sur le produit ou le service.
L'accueil de la clientèle, vente « forcée », ambiance du magasin, attente aux caisses, renseignements inexistants…
L'accès au service après-vente, son incompétence, son coût…
Le personnel (amabilité, disponibilité, incompétence, etc.).

Votre tâche

1. Expliquez la carte perceptuelle des réclamants et identifiez les groupes par typologie de réclamants.

....

....

....

....

....

2. Identifiez, pour chaque cas :
a) La typologie de réclamants.
b) Le canal utilisé.
c) Les causes du mécontentement.

Annexe 2 Analyse des réclamations

Cas	Typologie	Canal utilisé	Cause
1			
2			
3			
4			
5			
6			
7			

Mission 4 — Appréhender les enjeux du projet de mise en place d'un chatbot

Votre responsable envisage de mettre en place un chatbot au service après-vente. Il vous demande de l'aider à envisager la mise en place de cet outil de dialogue avec les utilisateurs. Vous avez collecté des informations à ce sujet.

Prenez connaissance des **documents 7** à **12**, de l'**annexe 4**, puis effectuez la tâche demandée.

Document 7 Propos de votre responsable

Je souhaite améliorer la qualité du service au sein du service après-vente.
En effet, je reste convaincu qu'il est possible de travailler dans ce service en réduisant le stress des collaborateurs.
J'ai entendu parler du chatbot.
Pouvez-vous m'indiquer s'il y a un réel intérêt de mettre en place ce support afin de traiter les réclamations des clients et de réduire le stress au travail ?

Document 8 Qu'est-ce qu'un chatbot ?

Le « chatbot » est aussi appelé « agent conversationnel ». **Ce robot s'impose comme un assistant virtuel, capable de répondre aux demandes de son interlocuteur, grâce à l'intelligence artificielle.** Préalablement développé pour effectuer une tâche précise (donner un renseignement, guider un achat, prendre un rendez-vous…), il est capable de reconnaître le besoin d'un utilisateur et de lui apporter **une réponse personnalisée.**

Document 9 Les attentes des clients

74 % des clients souhaitent avoir une conversation avec un humain pour des demandes plus complexes

L'usage des chatbots pour améliorer la satisfaction client trouve ses limites quand les sujets deviennent plus complexes. La grande majorité des clients souhaitent, à ce stade, pouvoir dialoguer directement avec un téléconseiller humain.

Susan Hash, Contact Center Pipeline (2017), Natixis (2018).

Document 10 Les avantages du chatbot pour le client

Les agents conversationnels apportent jusqu'à :
– 40 % de réduction de temps de traitement des demandes ;
– 35 % de réduction du nombre de requêtes à un service client grâce à la réponse instantanée aux questions les plus récurrentes.

https://mbamci.com

Document 11 Pourquoi les entreprises doivent-elles développer un chatbot ?

Le chatbot peut traiter en masse les requêtes récurrentes les plus basiques (recherche de coordonnées, suivi de commande, guide de tailles, mode d'emploi…) pour réduire la charge des services clients.
Le gain de temps permet aux équipes dédiées **de recentrer leurs actions sur les missions à plus forte valeur ajoutée nécessitant expertise et empathie :**
– pour les équipes SAV : résolution de problèmes techniques nécessitant une prise en charge spécifique ;
– pour le service client : traitement des dossiers les plus complexes.
Le chatbot est un super assistant qui décharge les équipes des tâches répétitives, chronophages et sources de stress. Il est disponible 7 jours sur 7, 24 heures sur 24. **Il est capable de discuter avec des milliers d'utilisateurs en même temps et en temps réel.**
L'investissement dans un chatbot est souvent moins élevé qu'on ne le pense. Rapidement rentabilisé, il représente une alternative à la mise en place d'un site ou d'une application pour **un coût et une durée de conception bien inférieurs**. Une fois développé, le chatbot a des frais de fonctionnement quasi nuls pour l'entreprise.

https://mbamci.com

Document 12 La réduction du stress

Les agents virtuels peuvent être la solution pour les 80 % des téléconseillers qui subiraient du stress dans le cadre de leur mission de relation client.
Le stress au travail est un enjeu majeur de société. Dans le monde de la relation client, des sondages indiquent que 80 % des téléconseillers se plaignent de subir du stress dans l'accomplissement de leur mission.
D'autres études indiquent que ce stress (avec ces corolaires que sont l'absentéisme et le turnover) entraîne des pertes de productivité. L'introduction de chatbots intelligents pour assister les téléconseillers et leur ôter les tâches répétitives sans grande valeur ajoutée, va permettre de réduire ce stress des téléconseillers, d'augmenter leur productivité et diminuer l'absentéisme.

www.bob-le-bot.fr

Votre tâche

- Rédigez en **annexe 4** une note synthétique afin de mettre en place le projet de mise en place d'un chatbot en mettant en évidence les points suivants :
  a) Présentez le chatbot.
  b) Présentez l'intérêt de mettre en place un chatbot pour le client.
  c) Présentez l'intérêt de mettre en place un chatbot pour le service après-vente du magasin en matière de :
    - gestion et de traitement des réclamations ;
    - gestion du stress et du bien-être de l'équipe du service après-vente.

Annexe 4 Note

De :	
À :	
Objet :	

TRAVAUX PRATIQUES 9 Oxsylia

SITUATION

Vous effectuez une période de formation en milieu professionnel au sein d'Oxsylia, groupe immobilier situé à Limoges (87).
Oxsylia intervient sur l'ensemble des métiers de la promotion et des services immobiliers auprès d'un public divers tel que les entreprises, les organismes publics et les particuliers.
Elle propose un accompagnement immobilier en proposant plusieurs services : financement, achat, vente, location, gestion, transaction ou promotion immobilière…
Son engagement est d'apporter des solutions immobilières pour chaque cas rencontré en répondant à des besoins et à des attentes singuliers.
C'est pourquoi, votre responsable souhaite gérer la relation commerciale de façon omnicanale afin de pouvoir communiquer et collaborer avec ses partenaires durant toutes les étapes de cette relation.
L'enjeu est de développer une relation commerciale digitale et personnalisée durant la totalité du parcours client, tout en favorisant la satisfaction et la fidélisation du client.

PROBLÉMATIQUE

Comment prendre en compte les besoins spécifiques du client ? Comment gérer et sélectionner les informations utiles ? Comment gérer les réclamations ?

MISSIONS

Votre responsable, M. DARNAUD, vous confie les missions suivantes :
- Prendre contact avec le public.
- Traiter la demande.
- Gérer et contrôler l'information.
- Gérer les réclamations des clients.

Mission 1 Prendre contact avec le public

Votre clientèle est composée de particuliers et professionnels. Afin de répondre correctement à leurs attentes, il est important d'identifier le public et de repérer ses caractéristiques afin de cibler correctement leurs attentes.

Prenez connaissance du **document 1**, de l'**annexe 1**, puis effectuez la tâche demandée.

Document 1 Immobilier 2.0 : le profil de ces acheteurs de plus en plus connectés

L'immobilier et ses acteurs ont beaucoup évolué. **Le numérique** est désormais **au cœur de nos habitudes**, modifiant le parcours client des acheteurs. Les acteurs de l'immobilier ont donc entamé des phases de transformation numérique pour mieux s'adapter à la digitalisation du secteur et satisfaire des acheteurs toujours plus connectés et exigeants.

Quel est le profil des acheteurs immobiliers d'aujourd'hui ?

La crise et l'augmentation des prix de l'immobilier qui ont secoué le marché ces dernières années ont inévitablement changé le profil type de l'acheteur. Recul de son âge, hausse de l'apport financier et de ses revenus, durée de son emprunt… Mais **les habitudes de consommation ont aussi évolué en même temps que les avancées technologiques.** À quoi ressemble donc le profil type d'un acheteur aujourd'hui à l'ère du numérique ?

Le portrait des acquéreurs immobiliers

Grâce à des taux historiquement bas et à des aides gouvernementales, telles que le prêt à taux zéro, l'immobilier a attiré davantage de personnes achetant

SYNTHÈSE 9

GÉRER LES RÉCLAMATIONS

1. Le stress

Définition : ....

....

....

Les signes de stress

Symptômes	....	....	....	....
Exemples				

2. La réclamation

Définition : ....

....

....

Prendre en charge la réclamation

Étape	Prise en charge à effectuer
Étape 1	
Étape 2	
Étape 3	

SUJET 1 Art d'Oise

Vous êtes en PFMP au parc des expositions de Pontoise (95).
Pour la cinquième année consécutive, le salon des Ateliers Créatifs ouvre ses portes aux visiteurs du 23 au 25 octobre.
Le salon Art d'Oise propose des conseils de professionnels en loisirs créatifs pour guider les visiteurs dans leurs réalisations.
Le salon accueille petits et grands, novices ou confirmés pour participer à des ateliers d'initiation et de découverte : dessins, broderie de perles japonaises, application en béton ciré, origami, décoration de sablés ou de cup-cake, plastique dingue, attrape-rêves, pâte polymère, scrapbooking, récupération et customisation de bois de palette…
Le salon est un lieu unique où l'on pourra trouver à la fois du matériel, des fournitures et les réponses à la question « où se former ? » dans ses différents espaces : Art du fil, Broderie machine, Mode/cadeaux, Brico-déco, Beaux arts, Encadrements/papiers, Bijoux, Tapisserie, Décoration, Meubles en carton, et bien d'autres encore.
Vous êtes sous la responsabilité de Mme RUGIER. Vous préparez le salon Art d'Oise.

PROBLÉMATIQUE

Comment accueillir les visiteurs et les exposants et assurer la gestion commerciale dans le cadre d'un événement ?

MISSIONS

Vous assurez, avant, pendant et après le salon, les missions suivantes :
- Contribuer au développement de la relation commerciale.
- Co-construire une offre adaptée.
- Contribuer à la fidélisation.
- Gérer les réclamations.

Bloc de compétences 3 Gérer la relation commerciale
3.1 Contribuer au développement de la relation commerciale • Identifier les supports utiles à la relation commerciale • Repérer les caractéristiques du public • Appréhender l'offre de l'organisation • Situer l'offre de l'organisation sur son marché • Contribuer à l'amélioration de la connaissance du public
3.2 Satisfaire et fidéliser le public • Co-construire avec le public la solution adaptée à ses besoins • Finaliser la relation commerciale • Contribuer à la satisfaction et à la fidélisation • Collecter et identifier les motifs de satisfaction et d'insatisfaction • Mesurer l'efficacité des actions de fidélisation
3.3 Gérer les réclamations • Recueillir les réclamations • Interagir pour comprendre les motifs de réclamation • Apporter une réponse à la réclamation et/ou au mécontentement • Rendre compte des situations rencontrées

Annexe 1 Note

NOTE	
De :	À :
Date :	Objet :

Partie 2 Co-construire une offre adaptée

L'événement approche. Les exposants commencent à s'inscrire. Vous vous chargez de traiter les demandes et proposer une offre adaptée.

Document 7 Note interne

De :	Mme RUGIER
À :	Hôte(sse)
Objet :	Traitement des dossiers d'inscription
Date :	23 mai

Votre mission

Préparez la lettre de confirmation d'inscription de l'entreprise Colorimage (sur votre copie).
Vous trouverez en PJ les consignes spécifiques pour la rédaction de la lettre de confirmation.

Mme RUGIER

PJ :
Les consignes spécifiques pour la rédaction de la lettre de confirmation

Plan à respecter :
- Rappel de la situation : Accuser réception du formulaire d'inscription et du chèque d'acompte de la somme (indiquée et à reporter).
- Confirmation de l'inscription : hall, module(s).
- Attribution des cartes d'invitation (à fournir en PJ).
- Rappel des dates et horaires de :
  - retrait des badges
  - déchargement attribué
  - remballage
- Rappel de la date limite de règlement du solde (à calculer).
- Formule de conclusion commerciale et formule de politesse.

Document 8 Le fonctionnement du salon

L'inscription
Lorsqu'un exposant désire participer à une exposition, lui adresser une demande d'admission qu'il doit retourner. Dès réception de la demande, Mme RUGIER attribue à l'exposant le ou les modules demandés en fonction des disponibilités.
Un module coûte 1 150 €. Pour s'inscrire l'exposant règle 30 % d'acompte.

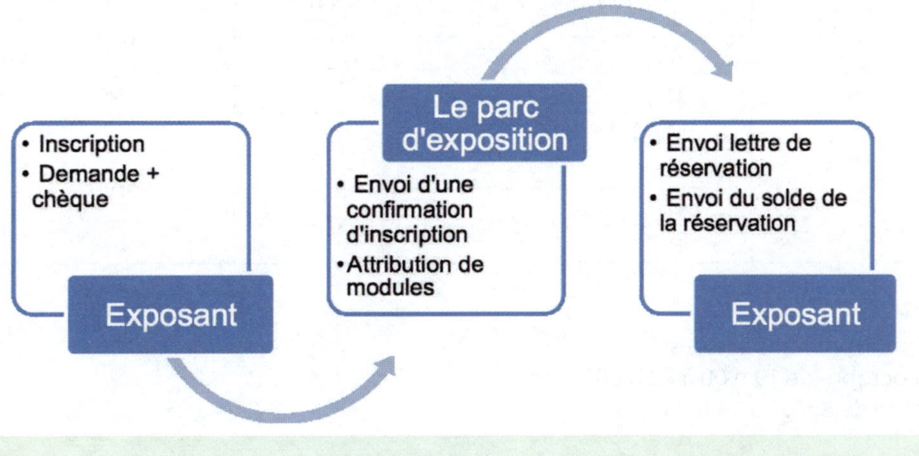

Le solde de la participation au salon
Les exposants règlent un acompte de 30 % du montant. Le solde de la participation au salon est à régler pour le 19 octobre.

Les badges
Les badges sont à retirer le 22 octobre à 9 h à l'accueil du salon. Ils sont nominatifs et obligatoires pour accéder au salon et aux stands.

Cartes d'invitation gratuites
Lors de leur inscription, les exposants ont droit à 30 cartes gratuites. Ces cartes servent à inviter leurs clients et prospects et rentabiliser leurs fichiers. Ils peuvent, s'ils le souhaitent, commander des cartes supplémentaires (20 € le lot de 10 cartes).

Les stands
Lorsqu'une entreprise souhaite disposer d'un stand, elle doit préciser le nombre de modules qu'elle veut réserver (de 1 à 4). Chaque module est composé d'un comptoir, un tabouret haut, un présentoir, une table, trois chaises, une plante décorative. Chaque stand dispose de cloisons, de moquette, de spots orientables, d'une arrivée électrique. Il est nommé et numéroté.

Le plan
Le client se voit remettre un plan du forum afin de se rendre facilement sur son stand.
Le salon est installé sur deux halls : le hall 1 et le hall 2.

La restauration
Le salon propose un stand cafétéria et un espace pique-nique pour les exposants et les clients.

La sécurité
Des agents de sécurité, aux entrées et aux sorties, veillent à la tranquillité des visiteurs et à la gestion des flux de personnes. Un gardiennage est assuré la nuit sur le site. Une infirmerie est ouverte lors du salon.
Un service des objets trouvés est mis en place sur le site internet du parc des expositions.

Le matériel
Chaque exposant arrive avec son matériel : affiches, supports de communication, écrans, ordinateurs, vidéoprojecteurs…

Le montage
Les exposants déchargent leurs marchandises le jeudi 22 octobre. Ils sont convoqués par tranche horaire de 2 h en fonction de leurs emplacements dans les halls. Les exposants doivent se référer au planning de déchargement. Pour des raisons de sécurité, aucune dérogation, aucun dépassement ne pourront être consentis compte tenu du nombre d'exposants.

Planning déchargement des camions

Le jeudi 22 octobre

Hall	Zone	Horaires		Entrée
		Début	Fin	
1	A	7 h	9 h	Principale
	B			
	C	9 h	11 h	
	D			
	E	11 h	13 h	
	F			
	G	15 h	17 h	
	H			
2	I	7 h	9 h	Mail
	J			
	K	9 h	11 h	
	L			
	M	11 h	13 h	Parvis
	N			
	O	15 h	17 h	
	P			

Remballage
Les exposants pourront remballer les :
– dimanche 25 octobre de 19 h 00 à 22 h 00
– lundi 26 octobre de 8 h 00 à 13 h 00

Plan

Le salon est implanté sur deux espaces : le Hall 1 et le Hall 2.

Légende : ▭ (gris) Module réservé ▭ Module libre

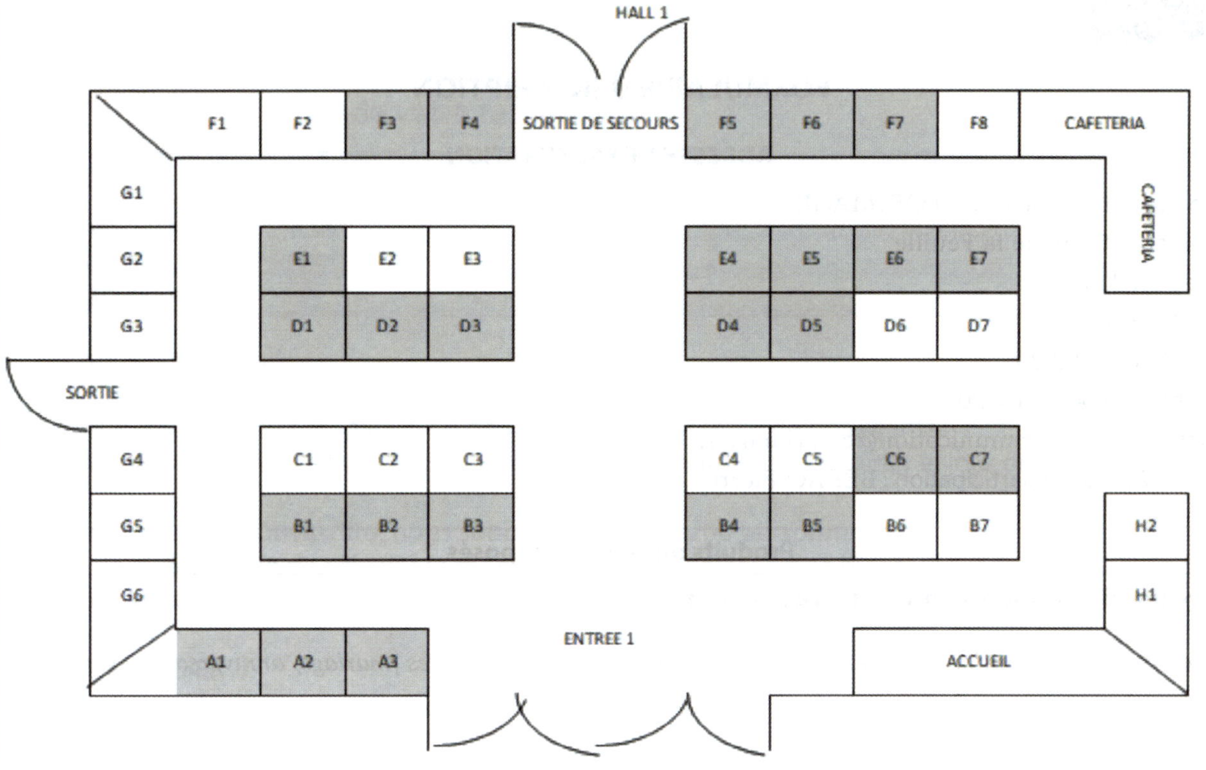

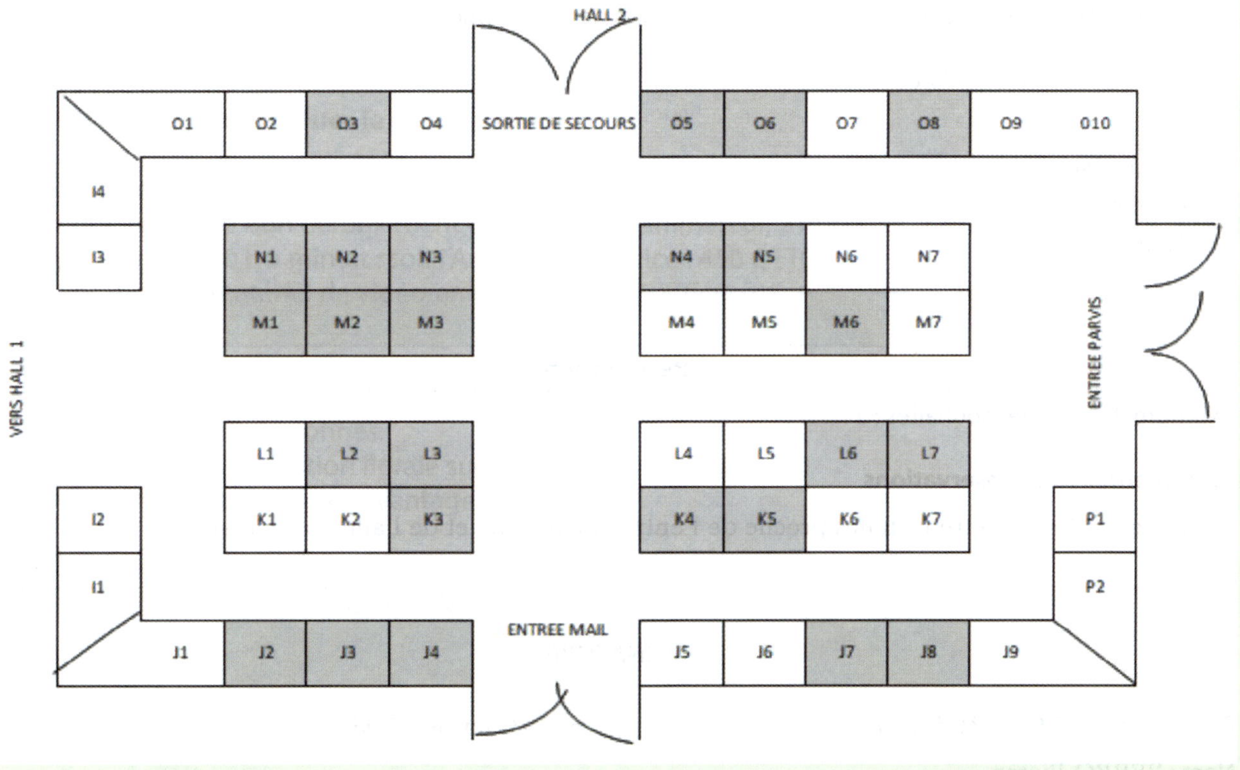

Partie 4 Gérer les réclamations

Vous assurez l'accueil lors du salon. Nous sommes le 24 octobre, le deuxième jour de l'événement.
Très tôt le matin, vous faites le bilan de la journée précédente. L'équipe de sécurité a récupéré de nombreux objets perdus. Nombreuses seront les demandes des visiteurs dès l'ouverture du salon.

Document 12 Propos de Mme RUGIER

Nous avons eu hier de nombreux visiteurs.
Le service de sécurité a récupéré des objets trouvés.
Nous les avons enregistrés sur la plateforme Troove.
Aussi, je te charge d'assurer l'accueil multicanal des visiteurs et de traiter les réclamations.

Document 13 La gestion des objets trouvés sur le site internet du parc des expositions

COMMENT RÉCUPÉRER VOS OBJETS ÉGARÉS ?

1. Déclarez la perte de votre objet sur le formulaire en ligne.
2. Tous les objets perdus et trouvés sont enregistrés dans notre base de données et notre algorithme identifie des matchs. 1 à 3 jours sont parfois nécessaires pour retrouver ou enregistrer votre objet. L'objet est ensuite stocké en consigne jusqu'à 15 jours.
3. Un mail vous sera envoyé si un objet similaire au vôtre est retrouvé. Vous devrez alors fournir toutes les informations nécessaires pour vous authentifier comme le propriétaire.
4. Vous pourrez alors choisir comment récupérer votre objet et payer en ligne (attention : des frais de traitement et d'expédition s'appliquent – voir tarifs ci-dessous).

Page d'accueil

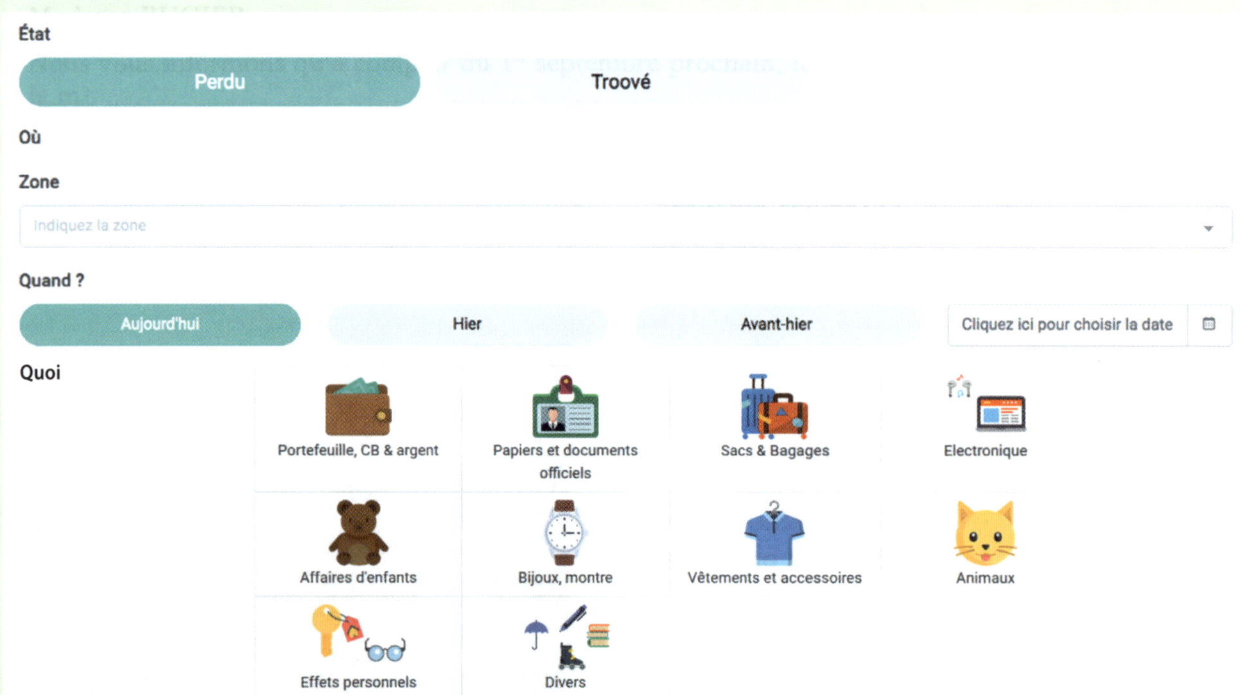

État

Perdu | Troové

Où

Zone

Indiquez la zone

Quand ?

Aujourd'hui | Hier | Avant-hier | Cliquez ici pour choisir la date

Quoi

Portefeuille, CB & argent
Papiers et documents officiels
Sacs & Bagages
Electronique
Affaires d'enfants
Bijoux, montre
Vêtements et accessoires
Animaux
Effets personnels
Divers

Frais d'envoi

Objet		Livraison		
		France	Union européenne	Internationale
Petit		12 €	20 €	30 €
Moyen		18 €	28 €	50 €
Grand ou fragile		28 €	40 €	70 €
Petite valise cabine (< 10 kg)		40 €	50 €	Non disponible
Grande valise soute (> 10 kg)		50 €	74 €	Non disponible

www.troov.com

Document 14 Réclamation sur un réseau social

Annexe 3 Votre réponse à la réclamation

SUJET 2 Éveil des sens

Vous êtes en PFMP chez Éveil des sens situé à Rouen (76).
Éveil des sens est le spécialiste français des loisirs culturels et artistiques au service de la curiosité, du talent et des passions de ses clients.
Cette enseigne, c'est un concept généreux, fondé sur une culture à portée de main.
L'enseigne offre une sélection de produits dans un cadre omnicanal : en plus d'une plateforme de commande en ligne, les magasins sont répartis sur tout le territoire national et implantés dans les zones commerciales. Ils privilégient le rassemblement et la découverte de toutes les formes de loisirs artistiques et culturels.
Éveil des sens offre une large gamme de produits : la papeterie, la culture, les loisirs créatifs, la mercerie et le tricot, l'épanouissement personnel, la cosmétique, la pâtisserie créative, les arts culinaires, les loisirs numériques et la vidéo, les livres et les livres numériques, et encore bien d'autres produits…
L'enseigne doit son succès à la qualité d'écoute de ses clients. À travers les différents canaux de communication, elle laisse les clients s'exprimer et participer au développement des produits et des services offerts.

PROBLÉMATIQUE

Comment développer une relation commerciale digitale, personnalisée et pérenne avec la clientèle ?
Comment rendre et adapter le parcours de la clientèle dans un cadre multicanal et multi-expérientiel ?
Comment contribuer au maintien d'une relation commerciale durable avec le client, la qualité de la relation favorisant la satisfaction et la fidélisation du client ?

MISSIONS

Vous êtes sous la responsabilité de Mme LENORMAND.
Elle vous confie les missions suivantes :
- Appréhender l'offre de l'organisation.
- Co-construire avec la clientèle la solution adaptée à ses besoins.
- Contribuer au développement de la relation commerciale.
- Gérer les réclamations.

Bloc de compétences 3
Gérer la relation commerciale

3.1 Contribuer au développement de la relation commerciale
- Identifier les supports utiles à la relation commerciale
- Repérer les caractéristiques du public
- Appréhender l'offre de l'organisation
- Situer l'offre de l'organisation sur son marché
- Contribuer à l'amélioration de la connaissance du public

3.2 Satisfaire et fidéliser le public
- Co-construire avec le public la solution adaptée à ses besoins
- Finaliser la relation commerciale
- Contribuer à la satisfaction et à la fidélisation
- Collecter et identifier les motifs de satisfaction et d'insatisfaction
- Mesurer l'efficacité des actions de fidélisation

3.3 Gérer les réclamations
- Recueillir les réclamations
- Interagir pour comprendre les motifs de réclamation
- Apporter une réponse à la réclamation et/ou au mécontentement
- Rendre compte des situations rencontrées

Baccalauréat professionnel Métiers de l'accueil

Éveil des sens

Partie 1 : Appréhender l'offre de l'organisation	**/30**
Partie 2 : Co-construire avec la clientèle la solution adaptée à ses besoins	**/20**
Partie 3 : Contribuer au développement de la relation commerciale	**/20**
Partie 4 : Gérer les réclamations	**/10**

Documents

Document 1 : Propos de votre responsable
Document 2 : La box par abonnement : une révolution marketing
Document 3 : Qui sont les box-maniaques ?
Document 4 : Quelques chiffres
Document 5 : La beauté ? Secteur pionnier et leader
Document 6 : Du beau concept à la success story
Document 7 : Alors la box : le futur du e-commerce ?
Document 8 : Une box Beauté, qu'est-ce que c'est ?
Document 9 : Les box Beauté, les critères à vérifier
Document 10 : Propos de votre responsable
Document 11 : La box Cosmétique
Document 12 : Les attentes des clientes
Document 13 : Propos de votre responsable
Document 14 : Extrait de la base de données
Document 15 : Propos de votre responsable
Document 16 : Extrait des conditions générales de vente
Document 17 : Réclamation des clientes

Annexes à compléter et à rendre avec la copie

Annexe 1 : Compte rendu oral
Annexe 2 : Votre argumentation
Annexe 3 : Segmentation de la clientèle
Annexe 4 : Votre réponse aux réclamations

Partie 1 Appréhender l'offre de l'organisation

Document 1 Propos de votre responsable

Nous envisageons cette année d'être au plus près des attentes des clients.
Aussi, les clients, au travers de nos différents canaux de communication souhaitent des produits offerts sous forme de box.
Nous offrons des produits en kit, mais les clients commencent de plus en plus à délaisser cette gamme de produit. Ils veulent des émotions, de la surprise !
Aussi, ce qui ressort dans les discussions sur les différents canaux, blog, chat, communauté de clients, groupe de partage, c'est que la clientèle souhaite que nous développions le concept des box.
Nous envisageons de proposer une offre de box afin de répondre aux attentes de la clientèle.
Je te laisse effectuer des recherches et répondre aux interrogations suivantes :

- Qu'est-ce qu'une box ?
- Quels canaux de distribution et de communication utiliser ?
- Quel est le profil type des clients les plus attirés par ce type de produits ?
- Quelle expérience client cette clientèle souhaite-t-elle vivre ?
- Quel type de box proposer ?
- Quels prix ? Quelle durée ?
- Quels éléments composent une box ?
- Quelles sont les conditions de réussite d'une bonne box ?
- Quels avantages pour le point de vente ? Quelles limites ?

Tu me feras un bref compte rendu oral… Je t'attends en fin de journée.

Document 2 La box par abonnement : une révolution marketing

Le principe de la box est **aussi simple que séduisant**. En effet, en souscrivant à un abonnement personnalisé (mensuel/trimestriel/annuel) pouvant aller **de 10 à 50 €**, le client reçoit à son domicile une sélection de produits.
Le succès de ces box s'explique par leur **côté pratique et non intrusif**. Les box sont livrées directement au domicile du souscripteur, ce qui lui évite toute contrainte de déplacement. Le client ne découvre le contenu du coffret qu'à la réception, ce qui permet d'offrir une **expérience surprenante** aux clients et lui procure une sensation de plaisir. C'est ce qu'on appelle le « **discovery shopping** ».
Enfin, la **qualité des produits et échantillons** (sélectionnés par des experts du domaine) joue en faveur de ce commerce. La réception d'échantillon est en soi une expérience valorisante qui pousse 84 % des Français à se rendre en magasin après en avoir reçu. De plus, 87 % d'entre eux ont l'impression de recevoir un cadeau.
Pour résumer, la box est un système malin qui sert à tester des produits que des clients potentiels n'auraient pas forcément eu l'idée d'acheter. Elle permet également à des marques de faire des tests avant la commercialisation définitive de leur produit sur le marché.

www.assistant-courrier.laposte.fr

Document 9 Les box Beauté, les critères à vérifier

Le contenu

Pour dénicher la meilleure box Beauté, il va sans dire que la première chose à étudier, c'est son contenu ! Car si les box Beauté sont légion, ce qu'elles envoient à leurs abonnées varie grandement.

Préférez-vous recevoir beaucoup de soins ou plutôt des produits de maquillage ? Souhaitez-vous que les cosmétiques aient une composition naturelle ou bio ? Voulez-vous découvrir des produits peu connus dans nos contrées, ou plutôt facilement retrouvables en magasin ? Avez-vous envie que votre box contienne également des goodies lifestyle ou gourmands ?

Vous allez devoir vous poser toutes ces questions afin de déterminer ce que vous cherchez réellement dans une box Beauté.

Budget et rapport qualité-prix

Deuxième point qui va influencer votre choix pour trouver la meilleure box Beauté : votre budget. Là encore, il existe une box Beauté pour toutes les bourses : les prix démarrent à 13 € par mois et peuvent atteindre 40 €.

Bien sûr, votre budget va dépendre de vos moyens, mais aussi de vos habitudes de consommation en matière de beauté. Si vous êtes plutôt du genre à dépenser une dizaine d'euros (ou moins) par mois pour vos cosmétiques, il est peut-être plus prudent de commencer par une box à l'abonnement peu coûteux. À l'inverse, si vous êtes plus du style « carte Gold chez Sephora », vous pouvez vous permettre d'investir dans une box plus « luxueuse », d'autant que votre colis mensuel vous permettra peut-être de réaliser des économies dans vos achats classiques (si vous êtes raisonnable !).

Il convient également de se renseigner sur le rapport qualité-prix de chaque box. Le prix du coffret est-il justifié par son contenu ? La qualité et la diversité des produits sont-elles au rendez-vous par rapport au prix ? Gardez aussi à l'esprit que des box proposant des cosmétiques bio ou naturels seront évidemment plus chères à l'abonnement.

L'éditorial

Il est aussi important de s'intéresser au contenu de la box en termes d'éditorial. La plupart des box Beauté propose un peu de lecture à leurs abonnées, mais le format et le fond varient encore une fois beaucoup. Il s'agit donc d'un critère important pour sélectionner la meilleure box Beauté.

À vous de savoir si vous préférez recevoir un magazine complet à lire lors de votre temps libre ou si cet aspect n'a que peu d'importance pour vous. Certaines box envoient en effet mensuellement leur propre magazine, tandis que d'autres préfèrent se contenter d'un simple descriptif des produits. Sachez aussi que certaines box incluent dans leur colis des petites cartes à illustrer, très sympathiques à collectionner et à accrocher chez soi.

Boîte et univers

Pour être conquise par une box, il faut aussi adhérer à son univers. Une fois le contenu choisi et le budget défini, vous pouvez réfléchir à ce que vous en attendez en termes d'univers.

Préférez-vous une box plutôt universelle, ou centrée sur un domaine plus précis, par exemple le bio ou les soins coréens ? Souhaitez-vous une box à l'univers épuré, sobre, ou plutôt énergique et coloré ?

Si vous hésitez, votre tranche d'âge pourrait vous aider à choisir, même si vous êtes parfaitement libre d'opter pour un style très girly si vous avez plus de 40 ans.

Pensez aussi à vos attentes esthétiques. Seriez-vous davantage tentée par une box Beauté dont le design change tous les mois (ce qui permet de les recycler en jolies boîtes de rangement) ?

Communauté

Si vous êtes très présente sur les réseaux sociaux, on peut imaginer qu'une box active sur Facebook, Instagram ou Twitter aura davantage de chances de vous plaire.

Ainsi, vous ne manquerez rien des informations sur le sujet, des promotions aux éditions limitées, en passant par des événements spéciaux. Assurez-vous donc de vérifier la présence de la box sur Internet. A contrario, si une simple newsletter vous suffit pour vous tenir informée, cet aspect n'aura que peu d'importance pour vous.

Le SAV

Dans l'idéal, les abonnées des meilleures box Beauté reçoivent tous les mois leur box sans accroc. Mais comment cela se passe-t-il quand il y a un couac ? Le service après-vente est-il compétent pour régler les problèmes rapidement, facilement joignable et prêt à dédommager les abonnées en cas d'incident plus sérieux ?

N'hésitez pas à mener votre petite enquête, notamment sur les forums ou les réseaux sociaux, pour connaître l'expérience des abonnées actuelles avec le SAV.

Le délai

Une des critiques qui revient le plus couramment au sujet des box Beauté (et les autres aussi d'ailleurs), ce sont les délais de livraison, pour sélectionner la meilleure box Beauté, il faut s'intéresser à cela.

S'il est vrai que la gestion d'un nombre d'envois si important n'est pas chose aisée, vérifiez si les retards ne sont pas monnaie courante chez la box qui vous fait de l'œil. N'oubliez pas cependant que les délais de livraison peuvent souvent être du fait du distributeur, et pas de l'équipe de la box. Dans tous les cas, il est peu probable que vous receviez votre box le 1er de chaque mois.

Goodies et éditions limitées

Toujours en fonction de vos envies, renseignez-vous sur les petits cadeaux et bonus que les box envoient à leurs abonnées. Les goodies lifestyle envoyés chaque mois en valent-ils la peine ? Existe-t-il des récompenses pour votre fidélité ? Les abonnées ont-elles des avantages sur l'e-shop par rapport aux autres ? Si vous êtes friande d'éditions limitées, regardez ce que proposent les différentes box : là encore, les abonnées bénéficient souvent de tarifs préférentiels.

www.touteslesbox.fr

Annexe 1 Compte rendu oral

Partie 2 Co-construire avec la clientèle la solution adaptée à ses besoins

Votre responsable a décidé d'offrir à la clientèle des box Cosmétique. Les box seront offertes en ligne, sur la plateforme de vente en ligne. Elle vous demande de prendre connaissance des produits offerts à la clientèle et de répondre aux attentes des clientes sur les différents canaux de communication.

Document 10 Propos de votre responsable

Nous avons décidé de lancer nos premières box.
Nous proposons des box Cosmétique. Et pour rester en étroite adéquation avec nos valeurs, nous avons privilégié des produits bios et naturels.
Je te laisse te familiariser avec les produits et leurs fiches techniques.
Nous aurons de nombreuses interrogations de la part de notre clientèle, sur tous les canaux de communication. Il faut pouvoir répondre à leurs attentes.
Pour cela, je te laisse conseiller au mieux la clientèle.
Pour chaque cas rencontré, identifie la typologie SONCASE (sécurité – orgueil – nouveauté – confort – argent – sympathie et écologie) correspondante et formule une argumentation permettant de mettre en évidence une caractéristique de la box et un avantage client.

Document 11 La box Cosmétique

La première box Cosmétique par abonnement
Première box dédiée à la cosmétique à faire soi-même, Éveil des sens imagine tous les mois une **box Cosmétique sur un thème surprise** pour fabriquer deux produits de beauté à personnaliser et adaptés à la saison.
Adepte des loisirs créatifs, envie de personnaliser son produit de beauté ou volonté de reprendre le contrôle sur la composition de ses cosmétiques, cette box est faite pour vous.
Faire ses produits de beauté est à la portée de toutes : **simple, rapide, efficace et économique**. Les recettes sont testées pour être réussies par toutes, quelque soit le niveau, débutante, ou plus expérimentée, pas encore un seul produit raté !

Parce que tous les goûts sont dans la nature…
De véritables ateliers cosmétiques regroupés en une box, la meilleure solution pour découvrir la cosmétique à la maison ou pour se perfectionner.
Il y en a pour tous les goûts ! Les recettes sont variées au fil des mois et pour différents usages : crèmes, laits, gelées, baumes, gommages, gels douches, shampoings, savons, dentifrices, déodorants, et bien d'autres encore.

Une box surprise tous les mois
La box Cosmétique **contient tout le nécessaire** pour fabriquer 2 produits de beauté :
- **6 ingrédients cosmétiques naturels & bio** de contenance suffisante pour fabriquer 2 produits de beauté ;
- **2 contenants vides** avec leurs étiquettes vierges adhésives ;
- **2 fiches recettes à personnaliser** ;
- **1 livret pédagogique** comprenant les fiches de chaque ingrédient cosmétique à collectionner au fil des mois.

Des recettes à personnaliser et adaptées à la saison
Chaque box permet de découvrir des recettes 100 % personnalisables pour **fabriquer 2 produits de beauté sur mesure.**

Nos box Cosmétique au gré des saisons
Écrin de pastel – Box de mai
Zeste de Yuzu – Box de juin
Allures vahiné – Box de juillet
Fraîcheur fleurie – Box d'août

Un kit d'accessoires de fabrication
Fourni dès lors de l'envoi de la première box.
Le client reçoit avec la première box **un kit complet de 6 accessoires de fabrication** pour mélanger, doser les ingrédients et transférer ses préparations dans leurs contenants.

Ce kit contient :
- 1 mini fouet en inox,
- 1 verre doseur 30 ml de précision 1 ml,
- 2 seringues graduées de 2 ml & 10 ml,
- 1 cuillère doseuse 0,5 ml,
- 1 mini entonnoir.

Comment ça marche ?

1 Je choisi mon abonnement avec ou sans engagement	2 Je reçois ma box Beauté en point relais ou chez moi	3 Je fabrique mes deux produits 100 % personnalisables 100 % bio 100 % naturels	4 J'en parle autour de moi : réseaux sociaux, blog, avis et témoignages sur le site internet, programme de parrainage

Les abonnements

Mensuel	**3 mois**	**6 mois**	**12 mois**
24,9 € La box	23,9 € La box	22,9 € La box	20,9 € La box
Sans engagement de durée – Kit d'accessoires de fabrication : **3,90 €** – Résiliable en un simple clic – Prélèvement mensuel automatique	Engagement de 3 mois	Engagement de 6 mois	Engagement de 12 mois
	– Kit d'accessoires de fabrication : **Offert** – Résiliation automatique – Paiement en une seule fois à la commande		

* Les prix affichés n'incluent pas les frais de port : 5 €/mois en Colissimo domicile.
** Le kit d'accessoires de fabrication est fourni une seule fois avec la première box de votre abonnement.

Partie 4 Gérer les réclamations

Votre responsable vous demande de traiter les commandes des clientes. Elle vous demande de traiter en conséquence les réclamations.
Elle vous rappelle qu'il faut mettre en application les conditions générales de vente.

Document 15 Propos de votre responsable

Je te laisse traiter les réclamations des clientes qui nous sont parvenues ce jour.
Je te prie de bien vouloir respecter les conditions générales de vente.

Bonne journée

Document 16 Extrait des conditions générales de vente

4. Modification de l'abonnement

Toute modification de l'abonnement demandée par l'acheteur ne peut être prise en considération que si elle est parvenue par courrier électronique à l'adresse contact@eveildesens.com avant l'expédition de la box.

5. Résiliation de l'abonnement

• Abonnement sans engagement :

Le client bénéficiant d'un abonnement mensuel sans engagement de durée peut mettre fin à tout moment à son abonnement à partir de son espace dédié « Mon compte » sur notre site internet. La résiliation sur un mois donné doit être impérativement effectuée avant le dernier jour ouvré du mois précédant au plus tard. Si la résiliation intervient à compter du 1er dudit mois, le prélèvement automatique sur la carte bancaire interviendra, et la commande sera alors réputée conclue pour le mois concerné et l'abonné ne pourra exiger l'annulation de cette commande. La résiliation interviendra à compter du mois suivant.

• Abonnement à durée déterminée (engagement mensuel 3/6/12 mois) :

Si l'acheteur sollicite la résiliation de l'abonnement à durée déterminée, le vendeur est libre de ne pas restituer les sommes déboursées par l'acheteur sans justification.

7. Modalités de livraison

• Généralités :

Les produits commandés sont expédiés à l'adresse de livraison indiquée par l'acheteur lors de la validation de la commande.

Toutes les livraisons sont annoncées par courrier électronique.

• Frais de port :

Les frais de participation à la préparation et à l'expédition de la commande sont fixés forfaitairement selon les tarifs en vigueur, et sont précisés à l'acheteur lors de la validation définitive de sa commande.
Éveil des sens expédie ses produits vendus sur le site internet par Colissimo domicile sans signature ou en relais colis par Colissimo mon commerçant au choix de l'acheteur, aux tarifs en vigueur des transporteurs en fonction du poids du colis.
Les frais de port en relais colis sont offerts à partir de 45 € d'achats (hors abonnement).

• Délai de préparation :

Dès que votre commande est validée par le paiement enregistré auprès de notre partenaire bancaire, votre colis est préparé dans un délai maximal de 10 jours ouvrés. Cependant, nous mettons tout en œuvre pour respecter un délai de préparation de commande de 24 h : toute commande validée avant 12 h est expédiée le jour même, sinon le jour suivant (jours ouvrés). Dans le cadre d'un réapprovisionnement en cours et pendant les périodes de soldes ou promotions, il se peut que ce délai soit allongé de quelques jours.
Pour la première livraison de la box par abonnement, le délai de livraison maximal est de 10 jours ouvrés à compter de la souscription de l'abonnement, les box suivantes sont livrées ensuite à échéances fixes, en début de mois calendaire.
En cas de retard dans la livraison de plus de 7 jours, si celui-ci n'est pas dû à un cas de force majeure, l'ache-

teur a la possibilité d'annuler son abonnement.
Il s'ensuivra le remboursement des sommes déboursées par l'acheteur dans les 30 jours.

• Modalités de livraison :

– Colissimo domicile sans signature : le délai moyen annoncé par le prestataire est de 48 h (jours ouvrés).
– Livraison en point relais Colissimo mon commerçant : le délai moyen annoncé par le prestataire est 48 h (jours ouvrés).

Vous serez informé de la disponibilité de votre colis par mail ou SMS. Vous pourrez alors récupérer votre colis dans le point relais sélectionné lors de votre commande dans un délai de dix jours ouvrables. Passé ce délai, votre colis nous sera retourné, et aucun remboursement ne pourra être effectué.

9. Conformité des produits

Les informations présentes sur le site internet relatives aux produits sont celles fournies par les fabricants et fournisseurs. Le vendeur ne pourrait donc en aucun cas voir sa responsabilité engagée pour les conséquences pouvant découler de la connaissance ou de l'utilisation de ces renseignements.

10. Droit de rétractation

Conformément aux textes applicables en vigueur du Code de la consommation et dans le cadre de la vente à distance, l'acheteur dispose d'un délai de quatorze jours ouvrables à compter de la réception de sa commande. La notification de rétractation devra être faite par courrier électronique à contact@eveildesens.com ou via le formulaire de contact du site internet. Les frais de retour restent à la charge de l'acheteur.
En cas d'exercice du droit de rétractation, le vendeur rembourse l'acheteur de la totalité des sommes versées, dans les meilleurs délais et au plus tard dans les trente jours suivant la date à laquelle ce droit a été exercé, à l'exception des frais de retour et à condition que l'acheteur ait retourné la commande dans son intégralité au vendeur dans son emballage d'origine.
Tout produit incomplet, abîmé, endommagé et/ou l'emballage aura été détérioré ne sera ni repris, ni échangé, ni remboursé.

Document 17 Réclamation des clientes

Canal	Cliente	Attentes
 Au téléphone	Anne-Lise	Le montant de ma commande a été débité sur mon compte bancaire. Or, cela fait une semaine que j'attends ma box ! Je veux être remboursée !
 Sur l'espace client	Magalie	J'ai pris un abonnement sans engagement : je souhaite résilier mon abonnement.
 Par mail	Camille	J'ai passé commande mais finalement, je me suis trompée, je souhaite annuler ma commande.

Annexe 4 Votre réponse aux réclamations

Cliente	Votre réponse à la réclamation
Anne-Lise	
Magalie	
Camille	

Impression & brochage SEPEC - France
Numéro d'impression : 19297210302 - Dépôt légal : avril 2021